La restructuration du système bancaire par la Banque centrale du Congo

Collection « Études africaines »

dirigée par Denis Pryen et son équipe

Forte de plus de mille titres publiés à ce jour, la collection « Études africaines » fait peau neuve. Elle présentera toujours les essais généraux qui ont fait son succès, mais se déclinera désormais également par séries thématiques : droit, économie, politique, sociologie, etc.

Dernières parutions

Sandavoy Adamoh DJHELI YAHOT, *L'endettement international : mythe ou réalité en Afrique ?*, 2021.
Basile ANYIA ENYEGUE, *Cameroun : les renseignements généraux français dans la lutte contre l'insurrection armée en Sanaga-Maritime*, 2021.
Moustapha SOUMAHORO (dir.), *Aménagement, décentralisation et développement local en Afrique subsaharienne*, 2020
Maixant MEBIAME ZOMO & Ludovic MBA NDZENG (dir.), *Le travail anthropologique de Paulin Nguema-Obam, Dettes et critiques,* 2020.
Christian SCHOENAERS, *Trois hommes des Lumières à l'île de Gorée*, 2020.
André LISONGOMI BATIBONDA, *Afromarché électoral. Heuristique des ambivalences des pratiques électorales en République Démocratique du Congo,* 2020
Samba DIOP, *La diaspora africaine en Norvège. Immigration et intégration en Europe*, 2020
Abel Renaud EBA, *L'Afrique, l'ultime réserve pétrolière du monde face à la transition énergétique. Un zoom sur les matières premières minérales énergétiques et le développement de l'Afrique*, 2020.
Fabrice MODOMPTE DEG-TIGUEY, *Le contentieux des contrats miniers et pétroliers en République centrafricaine,* 2020

Steve BOMPETSI ISAKO

La restructuration du système bancaire par la Banque centrale du Congo

L'Harmattan

5-7, rue de l'École-Polytechnique 75005 Paris

http://www.librairieharmattan.com

ISBN : 978-2-343-21232-6
EAN : 9782343212326

IN MEMORIUM

En souvenir de notre très cher Père BOMPETSI BOMAPONGO Gustave qui nous a quittés, que son âme repos en paix. Il restera graver dans nos cœurs à jamais.

A mon épouse NTUMBA YANGA Odette-Moria et mes deux enfants Misterio et Allegria-Grâce,

A notre très chère Mère DUMBU KAHOUDI Denise,

A tous mes frères et sœurs,

Ainsi qu'à toute la famille BOMPETSI que nous dédions ce travail.

Table des matières

LISTE DES ABREVIATIONS UTILISEES

AFDL :	Alliance des Forces Démocratique pour la Libération
BCC :	Banque Centrale du Congo
BCM :	Banques Créatrices de Monnaie
BTR :	Billets de trésorerie
CADECO :	Caisse Générale d'Épargne du Congo
CDF :	Franc congolais
COOPEC :	Coopérative d'épargne et de crédit
COREBAC :	Comité de Restructuration Bancaire en RDC
FMI :	Fonds Monétaire International
FNM :	Fonds National de la Micro finance
FPI :	Fonds de promotion de l'industrie
IMF :	Institutions de Micro Finance
INSS :	Institut national de sécurité sociale
MPME :	Micro Petites et Moyennes Entreprises
OCDE :	Organisation de Coopération et de Développement Economique
ONGD :	Organisation Non Gouvernementale pour le Développement
PIB :	Produit Intérieur Brut

PME :	Petites et moyennes entreprises
PNUD :	Programme des Nations Unies pour le Développement
RDC :	République Démocratique du Congo
RIFIDEC :	Regroupement des Institutions de Financement Décentralisé
SFD :	Système Financier Décentralisé
SOFIDE :	Société Financière de Développement
SONAS :	Société Nationale d'Assurance
USD :	Dollar des Etats-Unis

LISTE DES TABLEAUX, FIGURES ET GRAPHIQUES

1. LISTE DES TABLEAUX

2. LISTE DES FIGURES

3. LISTE DES GRAPHIQUES

INTRODUCTION

Le développement économique est un processus complexe qui dépend de plusieurs facteurs : sociaux, politiques et économiques. Parmi les exigences économiques en matière de promotion du développement, on peut relever le rôle primordial du financement. En effet, diverses études ont établi qu'il existe une forte relation positive entre le développement financier et le développement économique, le premier conditionnant souvent l'essor du deuxième[1].

L'économie congolaise relève d'une longue tradition inflationniste qui remonte aux premières années de l'indépendance du pays. L'année 1990 consacre le début de l'hyperinflation. On assiste au cours de cette période à une dépréciation accélérée du taux de change entretenue par l'expansion excessive des liquidités dans l'économie.

Ces situations illustrent les difficultés de gérer la politique monétaire dans un pays pratiquement dépourvu d'institutions bancaires adéquates[2]. Le système bancaire congolais connait un déséquilibre total qui ne lui permet pas de remplir son rôle de collecte de fonds et d'octroi du crédit. Il connait une désintermédiation financière qui nécessite un assainissement profond dans son ensemble, dans le souci,

---

[1] François KABUYA KALALA, *Economie bancaire*, notes de cours 1ère licence Economie monétaire, FASE UPC, 2009-2010, p. 2.

[2] F. KABUYA KALALA et TSHIUNZA MBIYE, *L'économie congolaise en 2000 et2001* : contraction, fractionnement et enlisement », in l'Afrique des Grands lacs, Annuaire 2000-2001, Paris, L'Harmattan, 2001, p. 168.

non seulement de pallier aux difficultés présentes dans nos institutions financières bancaires et non bancaires, mais aussi dans le but de stabiliser le cadre macroéconomique qui conditionne la pérennité du système bancaire, afin d'augmenter le pouvoir d'achat de la population et l'inciter à l'épargne.

La politique de restructuration bancaire systémique comporte habituellement un ensemble de mesures microéconomiques, institutionnelles et réglementaires. Elle vise fondamentalement à restaurer la solvabilité des banques par une amélioration de leur bilan et de leur compte des résultats, de façon à ce qu'elles disposent des fonds propres suffisants, qu'elles puissent enregistrer durablement des bénéfices et qu'elles aient davantage de la flexibilité nécessaire pour gérer leurs liquidités et maîtriser leurs risques. De tels objectifs ne peuvent être atteints que si l'autorité appelée à mener une politique de restructuration formule une stratégie réalisable et définit les moyens à utiliser en commençant par évaluer aussi bien la situation opérationnelle et financière de chaque banque que les problèmes du système bancaire dans son ensemble[3].

Pour y arriver, le gouvernement et les autorités monétaires avaient pris l'engagement d'assainir l'espace financier en général et de restructurer le système bancaire en particulier, en commençant par renforcer la surveillance des établissements de crédit et des Institutions de Micro Finance (IMF), améliorer la capacité de gestion interne des

---

[3] www.congforum.com/les_activités_bancaires_en_rdc.

établissements de crédit et améliorer un cadre légal et réglementaire.

Ceci pourrait restaurer la confiance du public vis-à-vis de système bancaire d'une part, et de sauvegarder la stabilité macroéconomique d'autre part. Toutes ces mesures ont conduit également à la liquidation des banques jugées non viables et irrécupérables et bâtir un système financier sain, solide et crédible basé sur les critères de la solvabilité, de la liquidité et de la rentabilité des activités.

Après une décennie caractérisée par des taux de croissance négatifs, la reprise progressive des activités économiques a été constatée depuis 2002, avec des taux de croissance positifs jusqu'à nos jours. Malgré ces taux de croissances positifs, la République Démocratique du Congo reste parmi les pays les plus pauvres, avec un revenu annuel par habitant estimé à 220USD en 1990, moins de 80USD avant 2003 et à 120USD en 2004. Selon la Banque Mondiale, au moins 20 millions de personnes souffrent de la malnutrition.

La reprise commence progressivement à se faire sentir dans différents secteurs de l'économie, elle n'a été rendue possible que par une stabilisation de la situation politique, qui a permis la réunification du territoire national. On commence également à assister à une reprise de l'investissement privé, notamment dans l'immobilier résidentiel.

Durant les dix dernières années, nous avons assisté à une ruée vers le secteur bancaire en République

Démocratique du Congo. En effet, le système monétaire congolais semble être en effervescence, compte tenu de l'arrivée massive des banques commerciales étrangères. Une réalité qui traduit dans une certaine mesure les dividendes de la fin des hostilités militaires à partir de 2001 et surtout, des réformes économiques mises en œuvre sur le plan macroéconomique. Les résultats positifs ont été enregistrés dans la stabilisation des grands agrégats macroéconomiques. L'engrenage chaotique de la décennie 90, caractérisé par l'hyperinflation, la dollarisation et la croissance négative a cédé le pas à un renversement de tendance favorisant le maintien de ces indicateurs « au vert » et le retour d'un climat de confiance[4].

Cependant, une telle confiance est déjà au plus bas niveau dans un pays où le taux de bancarisation est moins de 2% de la population (sur une population de 70 millions d'habitants), de loin inférieur à la moyenne africaine de 25%. C'est l'un des taux de bancarisation les plus faibles du monde. Le pays ne peut donc pas se contenter de la situation actuelle du système bancaire qui ne peut véritablement pas soutenir le développement économique et satisfaire aux besoins réels du secteur privé et du public congolais. Un tel constat interpelle les décideurs et exigent une nouvelle vision, et une autre façon de faire les choses[5].

---

[4] www.souslemangieur.com/asp/les_banques_en_rdc.

[5] NOEL K. TSHIANI, *la bataille pour une monnaie nationale crédible*, De Broeck, Bruxelles 2013, p. 8.

Cela étant, pour ce qui est de notre étude, nous nous sommes posé quelques questions suivantes qui feront l'objet de la rédaction de ce dernier :

1. Quelles sont les principales causes de la mauvaise santé du système bancaire qui ont poussé la Banque Centrale du Congo à restructurer ce système ?
2. Quelles sont les dispositions que la Banque Centrale du Congo peut prendre pour la restructuration ?
3. La restructuration du système bancaire peut-elle parvenir réellement à performer le système financier congolais ?

Un système bancaire efficace permet de mobiliser les ressources et d'accorder les crédits, en vue de relancer l'activité économique et d'accroître la production. Il ne peut donc pas connaître le problème de liquidité. Il doit être crédible et bénéficier d'une grande confiance de sa clientèle. Le système bancaire congolais répond-il à ses exigences. C'est ce que nous nous proposons de vérifier

Durant plus au moins deux décennies (80 et 90), l'économie de la République Démocratique du Congo en général, et le secteur bancaire en particulier, était totalement chaotique. Actuellement, le pays sort lentement de turbulences politiques, par conséquent, son économie est à redresser.

L'économie du pays ne peut pas être relancée sans la mise en œuvre d'un système bancaire efficace et susceptible de mieux remplir ses missions.

D'où, l'importance de notre sujet est évidente dans la mesure où nous faisons comprendre la politique mise en œuvre par le Banque Centrale du Congo pour restructurer le système bancaire de la République Démocratique du Congo.

Pour les scientifiques et chercheurs désirant aborder un tel thème, ils peuvent se référer également à ce travail qui servira de document de référence.

Pour une bonne précision de notre travail, nous l'avons délimité dans le temps de deux manières :

- La période allant de 1998 à 2008, consacrée à la restructuration du système bancaire ;
- La période allant de 2010 à 2013, consacrée à l'évolution de l'activité économique et la performance du secteur financier.

Outre l'introduction et la conclusion, le présent ouvrage est subdivisé en trois chapitres :

- Le premier chapitre aborde le cadre théorique de notre étude ;
- Le deuxième chapitre traite le système bancaire de la République Démocratique du Congo ;
- Le troisième chapitre parle de la politique mise en œuvre par la Banque Centrale du Congo pour la restructuration du système bancaire.

CHAPITRE I :
CADRE THEORIQUE DE L'ETUDE

Section I. : NOTIONS SUR LES BANQUES

Cette section nous parlera de la banque dans son ensemble.

1. Définition

Une banque est une entreprise publique ou privée qui fait le commerce de l'argent : elle reçoit des capitaux placés sur des comptes (d'épargne ou non), échange de la monnaie, prête de l'argent à des taux et moyennant des commissions variables et exécute pour le compte de tiers toutes les opérations du genre financier.

Du point de vue juridique, une banque est une institution financière faisant des opérations de banque (manipulation de l'argent) telles que définies par la loi et qui sont soumises aux dispositions législatives et règlementaires correspondantes.

Elle est donc une organisation spécialisée dans l'émission (cas de la Banque Centrale) et le commerce de la monnaie (cas des banques commerciales), elle gère les dépôts et collecte l'épargne des clients, accorde des prêts, pilote des instruments de paiements comme le carnet de chèques et la carte bancaire, et offrent des services financiers[6].

[6] www.core.ucl.be/tulkens_pdf/banque_définition.

Les banques sont des institutions financières qui acceptent les dépôts et qui font des crédits. Sont inclues, sous le terme de banques, les banques commerciales, les sociétés de crédit immobilier, les caisses d'épargne, etc. Elles sont les intermédiaires financiers avec lesquels un particulier est le plus souvent en relation[7].

2. Rôle de la banque

Les banques, non seulement exercent le « commerce de l'argent », mais sont également les organismes qui produisent de la monnaie. Selon l'adage « les crédits font les dépôts », tout crédit accordé par une banque augmente la masse monétaire en créant un dépôt bancaire (monnaie scripturale) de montant équivalent, et tout crédit remboursé réduit la monnaie en circulation.

Du point de vue économique, les banques jouent un rôle très important. Elles contribuent (de même que les marchés financiers) à orienter l'argent de ceux qui en ont momentanément trop vers ceux qui en ont besoin et présentent des garanties suffisantes. Elles ont un grand rôle dans la sélection des projets en fonction de leurs perspectives économiques. Leur rôle peut être comparé à celui du cœur dans un corps humain qui distribue le sang riche en oxygène vers les organes qui en ont besoin.

Elément clé de l'économie d'un pays, chaque banque est soumise à une supervision assez stricte par une autorité de tutelle, afin de vérifier la solidité de l'établissement financier par rapport aux risques auxquels

---

[7] Frederic MISHKIN, Monnaie, banque et marchés financiers, Pearson Education, 8ème édition, France, p. 10.

ses opérations l'exposent (risque de crédit, du marché et de liquidité).

3. Les activités de la banque

L'activité des banques englobe la réception de fonds du public, leur mise à la disposition de la clientèle, ainsi que la gestion de moyens de paiement. Les fonds recueillis sont affectés à la conduite d'opérations de crédit, elles-mêmes génératrices de nouveaux dépôts par le supplément de monnaie qu'elles sont amenées à créer : les banques sont au centre du processus de création monétaire[8].

L'activité des banques consiste, en fait, à transformer des dépôts en crédits, ce qui explique leur rôle déterminant dans le processus de la création monétaire.

A. Création monétaire

L'activité économique mobilise le financement des ressources propres, c'est-à-dire l'autofinancement. Lorsque celui-ci n'est plus suffisant, les agents à besoin de financement font appel aux institutions bancaires, qui transforment l'épargne collectée auprès des agents à capacité de financement (financement intermédiaire) en crédit et, au-delà, participent à la création monétaire. En effet, cette dernière peut s'analyser comme la transformation par les banques, de créance en moyen de paiement.

Les banques pourraient être tentées de distribuer inconsidérément du crédit pour accroître leurs parts de

---

[8] www.souslemanguier.com/asp/système_bancaire.

marché. Une telle attitude, multiplie les risques d'insolvabilité bancaire, mettant en péril le système financier dans son ensemble. C'est pourquoi la Banque Centrale intervient dans le processus de création de monnaie par les banques, en réglementant l'accès au crédit ou en fixant des normes prudentielles. Il y a par conséquent, une interaction permanente entre la masse monétaire et la base monétaire ou monnaie banque centrale[9].

a) Création monétaire par la Banque Centrale

La Banque Centrale est la seule banque qui a le pouvoir d'émettre la monnaie fiduciaire dans un pays. Mais concernant la création monétaire, toutes les banques créent de la monnaie scripturale. La monnaie fiduciaire et scripturale sont les deux composantes de la monnaie dite « monnaie banque centrale[10] ».

Le pouvoir public est l'un des clients de la Banque Centrale. En effet, lorsqu'il ne parvient plus à faire face à ses dépenses importantes et recettes, et il n'arrive plus à financer le fonctionnement de son économie, il est donc obligé de recourir à la Banque Centrale pour solliciter des avances de trésorerie. La Banque Centrale pourrait alors intervenir auprès de l'Etat soit en achetant des titres publics, soit encore par des souscriptions de bon de trésor[11]. Quand

---

[9]Philippe BOOHOURS et F. JARNE, Monnaie et financement de l'économie, éd. Hachette, Paris 2000, p. 50.
[10]Vallerie, Macroéconomie Tome 2 : La monnaie, éd. Hachette, Paris 2000, p. 47.
[11] MABI MULUMBA, La monnaie dans l'économie, éd. Cedi, Kinshasa 2001, p. 76.

la Banque Centrale ou institut d'émission octroie de crédit au pouvoir public, il y a donc création de la monnaie.

Toutes les banques commerciales recourent en dernier lieu à la Banque Centrale pour se faire financer. Le crédit que la Banque Centrale leur accorde est appelé crédit du dernier ressort. Les banques commerciales sollicitent de crédit seulement lorsqu'elles sont devant l'insuffisance de leurs propres moyens, face à une demande croissante de crédit de la part des déposants[12]. Elles utilisent deux moyens pour solliciter le crédit auprès la Banque Centrale :

- Réescompte : Elles vendent des effets de commerce à la Banque Centrale pour avoir de crédit ;
- Avance en Compte : Les banques commerciales sollicitent des avances en comptes par la Banque Centrale pour avoir du crédit. Les avances en comptes sont garanties par le Bon de Trésor et des obligations.

La monnaie de Banque Centrale est créée à l'occasion d'opération de crédit fait par elle aux banques commerciales et au pouvoir public, soit à l'occasion d'opération par elle de devises. Elle est constituée des billets émis et des montants accordés en comptes courant aux banques commerciales et à l'Etat lors de ces opérations[13].

---

[12] MPEREBOYE MPERE, *Economie monétaire générale*, notes de cours de 3ème Graduat FASE/UPC 2012-2013, p. 18.
[13]www.google.com/l_offre_de_monnaie_2èmepartie_analyse_monétaire.

b) Création monétaire par les banques commerciales

Le processus de la création monétaire par les banques commerciales se fait par une seule opération : « le crédit », tout en gardant le coefficient de réserve. C'est ce que d'aucuns disent que le crédit crée la monnaie. En d'autres termes, le crédit bancaire donne lieu à la création monétaire.

On appelle coefficient de réserve d'une Banque Commerciale, le pourcentage du montant des dépôts qu'elles s'impose de conserver sous-forme liquidité.

En principe, chaque Banque choisit elle-même son coefficient de réserve. Cependant, ce dernier fait l'objet d'intervention des autorités monétaires. Ceci explique et justifie l'hypothèse faite dans l'exemple précédent, d'un coefficient uniforme de 20% pour toutes les Banques. En fait, sa valeur varie aux alentours de 10%[14].

B. Les fonctions d'une banque moderne

Les fonctions essentielles des banques modernes sont multiples ; ces fonctions sont de première importance pour l'économie, tant à l'échelle nationale qu'internationale. Elles sont les suivantes :

- Emettre des billets de banque, réservée exclusivement à la banque centrale ;

[14]www.core.ucl.be/tulkens/Fichiers_pdf/CHAP17.pde: l'offre_de_monnaie_et_le_système_bancaire.

- Assurer les paiements pour l'échange des biens et services ;
- Réunir les dépôts et autres valeurs pour financer les demandes de crédits ;
- Mettre en place les méthodes pour gérer l'incertitude et contrôler le risque ;
- Faire circuler les informations qui aident à la coordination des décisions décentralisées de différents secteurs de l'économie et à la résolution de problèmes d'asymétries d'informations (provenant de la disparité dans les informations disponibles aux parties intéressées à une opération financière)[15].

Les principales activités bancaires sont basées sur les fonctions d'intermédiation, de liquidité, d'information, et de relation au service de la clientèle.

C. Fonctions d'intermédiation

La banque assure la fonction d'agent des déposants ou des épargnants. C'est-à-dire que ces derniers d'une façon implicite, autorisent à la banque de faire fructifier leur argent, en investissant dans les actifs financiers principalement dans le crédit bancaire.

La banque fait circuler les fonds des prêteurs qui sont des épargnants aux emprunteurs finals. Elle emprunte les ressources sous forme de dépôts, pour les utiliser dans la distribution des crédits pour le financement des

[15] Z. MIKDASHI, Les banques à l'ère de la mondialisation, *éd.* Paris, Economie, 1998, p. 1.

investissements ou en achetant des titres qui sont émis sur les marchés.

La banque effectue pour le compte d'autrui des recettes et des paiements et tous les transferts des capitaux. Elle effectue également les opérations financières, pour le compte de sa clientèle ; elle fournit aux clients tous les renseignements pouvant les aider à mieux évoluer dans leurs activités[16].

L'intermédiation de la Banque dans les opérations du commerce international est très capitale. En effet, la Banque intervient dans le règlement des exportations dans le commerce international, par plusieurs techniques de paiement, notamment : le crédit documentaire, le crédit d'acceptation, etc.

4. Classification des banques

Nous classerons les banques selon leur métier et leur forme :

- **Par métier**, on distingue :

A. Une banque centrale (banque d'émission) : elle joue un rôle très important sur la politique monétaire du pays. Elle a pour rôle de réglementer et superviser les opérations des différentes banques, de veiller à leur solvabilité envers des déposants et la liquidité des banques.

Elle a le monopole de l'émission de la monnaie et d'en réguler l'usage par le biais du taux directeur. Une

[16] DISASHI MBUAYA, *Les banques congolaises face à la crise*, Mémoire de licence, UWB, 2003, p. 21.

banque centrale joue aussi le rôle de conseiller le gouvernement en matière économique, financier et monétaire et est le caissier de l'état ;

B. Les banques commerciales (banque de dépôts) sont des banques qui reçoivent les dépôts et accordent des prêts à des épargnants qui peuvent être des particuliers ou des entreprises. Ces dépôts sont utilisés pour financer les investissements par la distribution des crédits aux opérateurs économiques. Il existe 2 formes de dépôts ou placement : à terme et à vue.

- ❖ **Le placement à vue** : Placer son argent à vue, c'est déposer des fonds avec la possibilité de les retirer à tout moment et sans préavis. La principale qualité de l'épargne à vue est la disponibilité, son principal défaut est sa faible rentabilité ;
- ❖ **Le placement à terme** : placer son épargne à terme, c'est de s'engager à la laisser à la disposition du dépositaire pendant un certain délai, sans en perdre tout ou une partie des avantages prévus. La principale qualité de l'épargne à terme est en principe sa rentabilité, son principal défaut est son indisponibilité.

Les banques de dépôts sont traditionnellement séparées entre :

a. Les banques de détail : sont des banques qui exercent une activité de crédit et offre de produits de placement auprès de la clientèle individuelle : particuliers, professions libérales, entreprises de petite taille (commerçants, artisans…) ou de taille moyenne (PME), collectivités locales et associations ;

b. Les banques d'affaires : ces banques prêtent à long terme, en prenant des participations dans les sociétés, c'est-à-dire en y effectuant des achats d'actions et des obligations. Elles sont destinées aux moyennes et grandes entreprises. Ces sont des banques industrielles qui travaillent avec leurs ressources propres ou avec celle des banques de dépôts ;

c. Les banques d'investissement : sont des banques très actives sur le marché financier, se changeant des opérations financières comme les émissions d'emprunt obligataires, les souscriptions d'actions, les introductions en bourse, etc.

- **Par forme** :

On distingue aussi les banques en fonction de la manière dont leur capital est organisé. Ainsi nous distinguons 3 types de banques :

A. Les banques coopératives (mutualistes) : elles sont contrôlées par les sociétaires qui détiennent des parts et qui sont souvent ses clients. C'est un régime qui provient de l'esprit coopératif initie notamment par le milieu agricole ;

B. Les banques commerciales : sont des sociétés dont le capital est détenu par les actionnaires et sont généralement cotées en bourse ;

C. Une banque peut être propriété de l'Etat lorsque le capital social est une propriété d'état.

Section II. : LE SYSTEME BANCAIRE

1. Définition

L'ensemble des banques d'une même zone monétaire forment un système qu'on appelle « système bancaire », piloté par une banque particulière appelée Banque Centrale qui contrôle l'ensemble des banques, assure l'émission des billets et définit la politique monétaire du pays.

Le système bancaire se compose d'une banque centrale et les banques de second rang encore appelées banques commerciales. Elle fonctionne avec l'aide des organes de réglementation, de contrôle et de représentation de la profession. Le système bancaire intervient de façon directe ou indirecte au processus de création ou de circulation de la monnaie et de l'épargne.

Les systèmes bancaires ont un rôle stratégique dans les économies contemporaines, car ils remplissent deux fonctions : ils assurent le financement de l'économie et ils créent de la monnaie à l'occasion de leurs opérations de crédits. Les banques sont organisées en « système », d'où, le terme « système bancaire », car elles entretiennent des relations étroites entre elles, afin de faire circuler l'argent et les moyens de paiement dans l'économie. Par ailleurs, les systèmes bancaires sont contrôlés et refinancés par les Banques Centrales qui jouent le rôle de « prêteur en dernier ressort » des banques commerciales[17]. Nous pouvons donc représenter les fonctions de la Banque Centrale et des banques commerciales de la manière suivante :

Figure I.1 : Fonction de la Banque Centrale

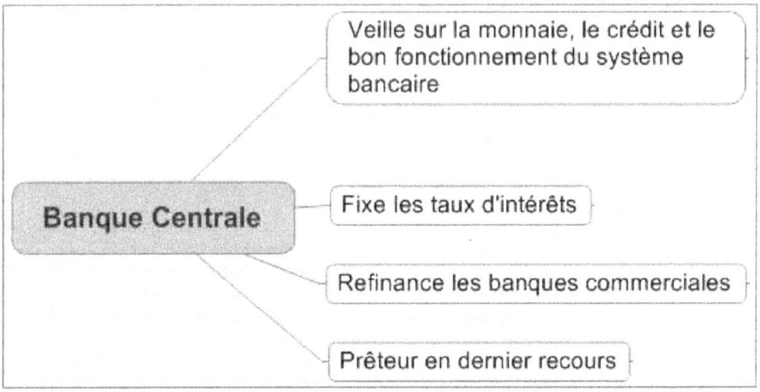

Figure I.2 : Fonctions des banques commerciales

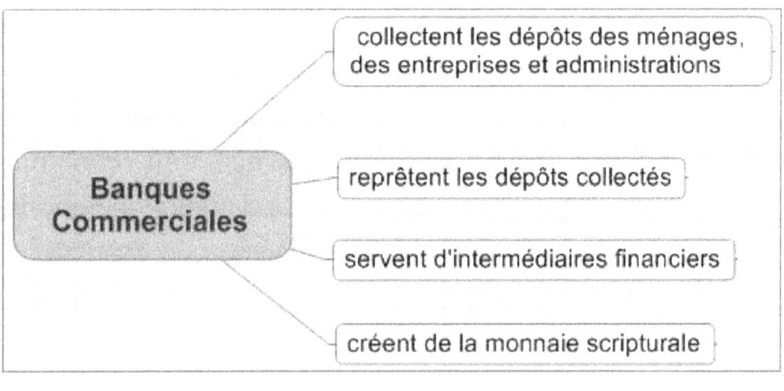

[17] http://fr.ask.com/système_bancaire/attac_international.

2. Rôle du système bancaire

Le rôle du système bancaire dans l'activité économique peut être diversement appréhendé. Toutefois, la contribution au niveau de la croissance économique et partant du développement d'un pays a fait l'objet d'une attention particulière.

Le système bancaire, non seulement exerce le « commerce de l'argent à travers les banques », mais est également l'organisme qui produit de la monnaie. Selon l'adage « les crédits font les dépôts », tout crédit accordé par une banque augmente la masse monétaire en créant un dépôt bancaire (monnaie scripturale) de montant équivalent, et tout crédit remboursé réduit la monnaie en circulation.

Du point de vue économique, le système bancaire joue un rôle économique très important. Il contribue (de même que les marchés financiers) à orienter l'argent de ceux qui en ont momentanément trop vers ceux qui en ont besoin et présentent des garanties suffisantes. Il a un grand rôle dans la sélection des projets en fonction de leurs perspectives économiques. Son rôle peut être comparé à celui du cœur dans un corps humain qui distribue le sang riche en oxygène vers les organes qui en ont besoin[18].

D'une manière générale, les travaux théoriques présentes par **Crane** et **Merton** (1995) identifient cinq

[18] http://fr.ask.com/système_bancaire/attac_international.

fonctions qui a leur sens mettent en exergues le rôle du système bancaire dans une économie.

a. Le système bancaire comme moyen de règlement

Le système bancaire est un mécanisme de règlement des transactions dans la mesure où il constitue un moyen d'échange essentiel au bon fonctionnement d'une économie. En effet, si la monnaie est l'unité de la valeur commune, les formes sous lesquelles elle est échangée se sont multipliées : numéraire, chèque, carte de crédit, carte de débit, transfert électronique de fonds et dépôts directs.

b. Le système bancaire : un système d'agrégation de l'épargne

Le système bancaire est un moyen d'agrégation ou de grandeur dans la mesure où la nécessité d'agrégation de l'épargne prend origine dans le besoin qu'expriment les entreprises d'opérer en une taille qui minimise leurs coûts de transaction.

De ce fait, on peut considérer l'agrégation de l'épargne comme une fonction très importante du système bancaire.

D'ailleurs, cette agrégation bénéficie tant aux fournisseurs qu'aux utilisateurs de capitaux.

c. Le système bancaire : un procède de transfert de ressources

Le système bancaire est un procédé de transfert des ressources intersectoriel, inter-temporel et interrégional.

Cette fonction permet aux particuliers (ménages) de compenser les différences entre leur profil de revenus issus du travail et leur profil de consommation durant leur vie.

d. Le système bancaire comme système de gestion de risques

Le système bancaire est un mécanisme de gestion de risque, car il permet via les actifs disponibles (police d'assurances, produits dérivés, etc.) de réduire les risques.

En outre, il permet aussi à ceux qui sont prêts à supporter plus de risques d'augmenter leur espérance de revenu. La diversification des risques et la redistribution du risque résiduel attestent ainsi le rôle de gestion de risque par le système bancaire.

e. Le système bancaire : un réducteur des couts lie à l'asymétrie d'information

Le système bancaire réducteur de l'asymétrie de l'information dans la mesure où il offre aux agents économiques des moyens pour minimiser les coûts liés à l'asymétrie d'information. Une de ses fonctions importantes réside dans le fait qu'il met à la disposition des agents économiques des instruments permettant de réduire ces difficultés.

A l'analyse de ces arguments, il ressort que le rôle du système bancaire est de faciliter notamment la mobilisation des ressources bloquées dans le secteur traditionnel de l'économie, il transfère au secteur moderne qui peut promouvoir la croissance en assurant leur affectation aux projets les plus performants. Telle serait de la contribution de tout système financier et bancaire au processus du développement.

Section III. : SYSTEME FINANCIER

1. Qu'est-ce que le système financier ?

Le système financier englobe les marchés, sociétés de services et toutes les autres institutions qui mettent en œuvre les décisions financières des ménages, des entreprises, et des gouvernements. Ces décisions sont toujours prises au sein d'un système financier qui donne en même temps des possibilités et des contraintes au décideur. Pour prendre des décisions financière efficientes, il faut donc apprendre à comprendre ce système.[19]

Le système financier joue un grand rôle dans le processus de croissance, car il est déterminant dans le processus d'accumulation du capital à travers les intermédiaires financiers, qui sont définis comme des entreprises dont l'activité principale consiste à fournir des

---

[19] Zvi BODIE et Robert Merton. *Finance,* 3ème édition Pearson Education, France 2011 p. 3.

services et produits financiers. Ces institutions regroupent des banques, des compagnies financières et des compagnies d'assurances. Leurs activités consistent à :

- Mobiliser l'épargne en dirigeant les avoirs courant des ménages vers les investissements rentables de grande envergure, tout en assurant aux épargnants un haut degré de liquidité ;
- Contracter des prêts commerciaux et prêts immobiliers ;
- Préserver pour les prêteurs une certaine liquidité ;
- Ainsi qu'une grande variété de contrats d'assurance.

2. La structure du système financier[20]

Le système financier est complexe ; il inclut différents types d'institutions financières du secteur privé, en particulier les banques, les compagnies d'assurances, les sociétés financières et les banques d'affaires, tous strictement réglementés par les pouvoirs publics. Si un particulier accepte de prêter de l'argent à une entreprise, il ne le fera en général pas directement. Il va lui prêter indirectement, via des intermédiaires financiers, c'est-à-dire des institutions des fonds aux personnes qui ont épargné et qui prêtent à celles qui ont besoin d'argent.

[20] Frederic MISHKIN. Op. Cit. p. 9.

3. Les fonctions du système financier[21]

A. Finance directe et indirecte

Le système financier permet de transférer des fonds depuis les agents économiques (ménages, entreprises, administration publique) qui épargnent, car leurs dépenses sont inférieures à leurs revenus, vers les agents qui souhaitent emprunter, c'est-à-dire qui dépensent plus que leurs revenus. On dit qu'il sert d'intermédiaire entre les agents à capacité de financement et les agents à besoin de financement. Cela peut se faire soit par la finance directe ou par finance indirecte.

La finance directe est le premier mode de financement. Elle relie directement le prêteur et l'emprunteur ; c'est-à-dire elle relie directement l'agent à capacité de financement et l'agent à besoin de financement. Celui-ci obtient des fonds auprès de l'agent à capacité de financement, en émettant et/ou en vendant des titres et des actions sur le marché financier. Cela se fait d'une manière directe sans l'intervention d'intermédiaire quelconque.

Le deuxième mode de financement qui relie le prêteur et l'emprunteur est la finance indirecte. Elle est appelée aussi finance intermédiaire car, dans ce deuxième mode de financement, l'agent à besoin de financement obtient des fonds dont il a besoin en s'adressant à un intermédiaire financier (qui n'est rien d'autre que les banques en particulier) pour lui accorder le prêt. Les agents à capacité de financement accordent des prêts aux agents à

[21] Frederic MISHKIN. Op. Cit. p. 27.

besoin de financement d'une manière indirecte ; c'est-à-dire via un intermédiaire financier (banque), généralement sous forme de dépôts. Cela veut dire que les agents à capacité de financement déposent leurs fonds auprès des banques, celles-ci transforment ces fonds en crédit pour l'accorder aux agents à besoin de financement.

La figure suivante nous montre comment fonctionne ces deux modes de financement :

Figure I.3 : Mode de financement du système financier

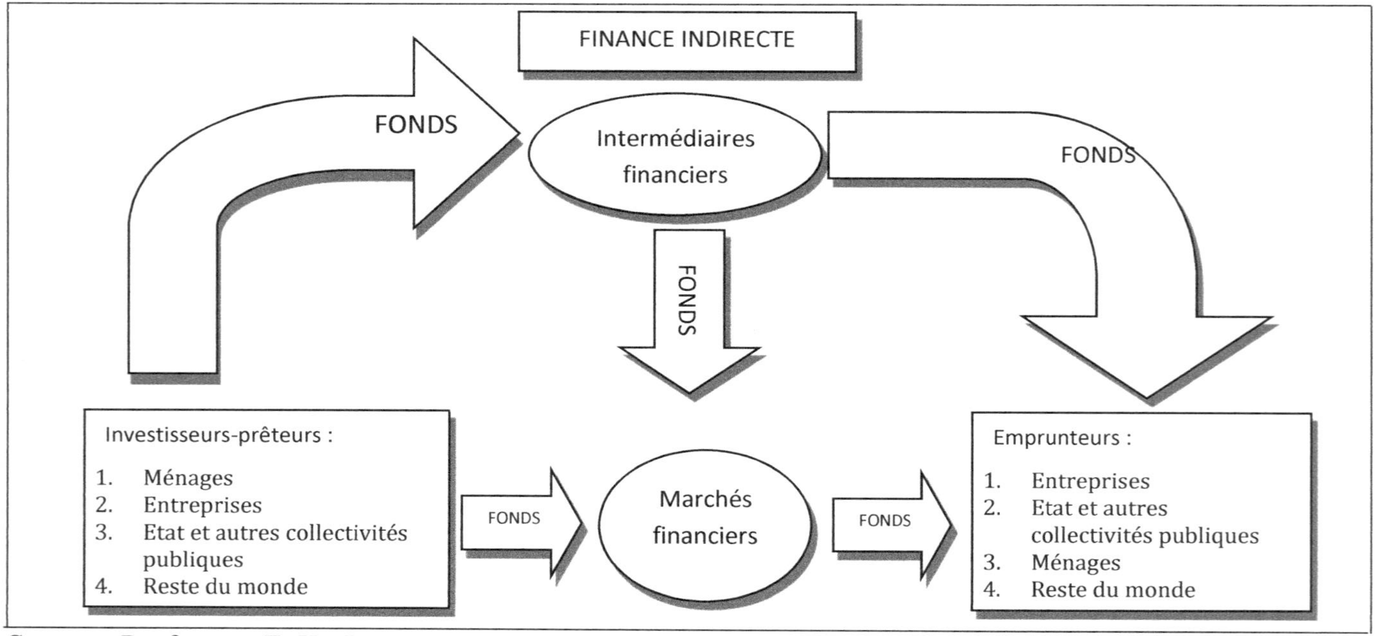

Source : Professeur F. KABUYA KALALA

B. Utilité commune des deux formes de financement

Quelle que soit la manière dont se produit le transfert de fonds des prêteurs aux emprunteurs, on peut analyser de manière similaire la fonction du système financier et l'utilité économique de ce transfert. Pour l'investisseur, prêter ses disponibilités lui permet d'obtenir un intérêt. En fait, l'existence de cet intérêt peut même l'inciter à épargner davantage, pour consommer plus dans le futur, lors du remboursement de son prêt. L'emprunteur quant à lui pense réaliser un projet productif à l'aide des fonds qu'il emprunte.

En l'absence de système financier, ces deux agents ne pourraient pas réaliser une transaction mutuellement avantageuse, ce qui empêcherait l'un de recevoir des intérêts, et l'autre de réaliser un investissement rentable.

Section IV. : L'INSTABILITE DU SECTEUR BANCAIRE

L'instabilité bancaire est caractérisée par la panique bancaire et la crise bancaire.

1. La panique bancaire[22]

Les banques jouent un rôle majeur dans les marchés financiers parce qu'elles sont bien placées pour s'engager dans des activités de production d'information qui facilitent l'investissement productif. La condition des

[22] F. KABUYA KALALA note des cours, Op. Cit. p. 35.

bilans des banques a beaucoup d'importance pour l'offre de prêts. Si les banques souffrent d'une détérioration de leurs bilans et subissent par conséquent une contraction importante de leur capital, il y aura moins de ressources à prêter et les crédits bancaires diminueront. La contraction du crédit provoque alors une baisse de la dépense d'investissement, ce qui ralentit l'activité économique.

Si la détérioration des bilans des banques est suffisamment grave, elles connaissent des défaillances, et la contagion peut s'étendre d'une banque à une autre jusqu'au point où même des banques saines et solides rencontrent des difficultés. L'enchaînement des défaillances bancaires qui en résulte est connu sous le nom de panique bancaire.

Généralement, dans une panique bancaire, la source de la contagion est l'asymétrie d'information. Les déposants craignant pour la sécurité de leurs dépôts – s'il n'existe pas de dispositif d'assurance dépôts – et ne connaissant pas la qualité des portefeuilles des banques, se mettent à retirer leurs dépôts dans une proportion suffisante pour provoquer la défaillance bancaire. La faillite d'un grand nombre de banques sur une brève période de temps signifie que la production d'information sur les marchés financiers est dégradée, et par conséquent l'intermédiation financière par le secteur bancaire risque d'être interrompue.

2. La crise bancaire

La crise bancaire peut être définie comme une rupture dans le processus d'intermédiation bancaire, rupture provoquée soit par des retraits massifs des dépôts (course aux guichets), soit par l'insolvabilité d'un ou de plusieurs établissements suite à l'excès de risque. Cette rupture peut être interceptée par des indicateurs micro et macro-économiques de la crise bancaire. A propos de l'insolvabilité des banques, les causes ne se situent pas uniquement au niveau de la mauvaise gestion des banques, mais également au niveau des distorsions affectant le cadre dans lequel les banques exercent leurs activités. Ainsi, la récurrence et l'approfondissement des déséquilibres macroéconomiques peuvent enclencher un processus de désintermédiation durable conduisant à une cessation partielle ou totale des activités bancaires[23].

---

[23] F. KABUYA KALALA note des cours, Op. Cit. p. 37.

CHAPITRE II : LE SYSTEME FINANCIER DE LA REPUBLIQUE DEMOCRATIQUE DU CONGO

Le deuxième chapitre de notre travail parle du système financier de la RDC dans son ensemble et il est subdivisé en trois sections : la première nous donne un aperçu historique du système bancaire congolais ; la deuxième parle du système financier congolais dans son ensemble et en fin la troisième explique les menaces qu'ont pesé sur le système bancaire congolais, donc la crise bancaire.

Section I. : APERCU HISTORIQUE DU SYSTEME BANCAIRE CONGOLAIS

1. Historique de la Banque Centrale du Congo

L'histoire de la Banque Centrale du Congo est liée à celle de la monnaie nationale et aux grands événements ayant émaillé l'histoire politique, économique et sociale du pays. Nous pouvons donc la subdiviser aux points suivants :

A. La Banque du Congo-Belge et le privilège d'émission

Le système monétaire en RDC vient du fond des âges. Il ne cesse certes de se manifester sous diverses formes au-delà de l'évolution financière, économique et politique du pays ; il s'est depuis ancré dans les mœurs.

En effet, bien avant l'arrivée des colonisateurs dans le pays, coquillages, tissus, métaux, et plusieurs autres objets d'échange non unifiés et disparates avaient pris la relève du troc.

Déjà en 1887, le Roi des Belges créa la monnaie « Franc » pour l'État Indépendant du Congo. A la même époque, la Banque du Congo Belge eut le privilège d'émettre des pièces en argent à l'effigie du Roi des Belges et des pièces en cuivre, perforées au centre, pouvant servir sur le marché.

B. La Banque Centrale du Congo-Belge et du Ruanda-Urundi

En 1951, fut créée la Banque Centrale du Congo-Belge et du Ruanda-Urundi suite aux courants commerciaux venant de toutes parts pour exploiter la région ; et le volume des transactions nécessitait une institution bancaire de droit public pour assurer le privilège d'émission, le rôle de caissier de l'Etat et de Banque des banques chargée, comme la Banque Nationale de Belgique, d'organiser la circulation fiduciaire dans la colonie ; malgré l'existence de plusieurs autres banques commerciales entre 1911 et 1951.

Cette Banque fut constituée par le Décret Royal du 30 juillet 1951, pour une durée de 30 ans avec un capital de 150 000 000FC souscrits et libérés en part de 1 000FC chacun par les groupes ci-après :

- Congo-Belge........................75 000FC soit 50%
- Ruanda-Urundi ....15 000FC soit 10%
- Banque Nationale de Belgique....30 000FC soit 20%
- Particuliers..........................30 000FC soit 20%

Par ailleurs, les anciennes colonies belges : le Congo et le Ruanda-Urundi, étant devenus indépendant, il était donc nécessaire de créer le nouvel institut d'émission distinct pour chacun de ces pays et en liquider l'ancien qui était commun.

C. Le Conseil monétaire de la République du Congo

L'accession du Congo à la souveraineté entraîna l'urgence de disposer d'une Institution autonome chargée d'émission. Mais en attendant la liquidation de la Banque Centrale du Congo-Belge et du Ruanda-Urundi, une Institution Monétaire de transition appelée Conseil Monétaire de la République du Congo fut mise en place le 01 octobre 1960 par décret/loi, sur proposition du Fond Monétaire International, pour émettre la monnaie et assurer l'exécution de la politique monétaire et de crédit du Congo le 20 juin 1964.

D. Banque Nationale du Congo, Banque du Zaïre, Banque Centrale du Congo

a. Banque Nationale du Congo

Elle fut créée le 23 février 1960 et elle a émis le 20 juin 1964 les premiers billets de banque. Le 22 juin, après la fin de la sécession katangaise, elle ouvrit ses guichets à Lubumbashi.

b. Banque du Zaïre

Le 24 novembre 1965, après la prise du pouvoir par coup d'Etat du haut commandement militaire, le nouveau pouvoir va mettre en place quelques textes d'ordonnance-loi régissant les attributs et l'organisation de la Banque Nationale du Congo qui devient Banque du Zaïre[24].

Ces différences ordonnances sont :

- Ordonnance-loi n° 67/264 du 23 juin 1967 portant statut de la Banque du Zaïre ;
- Ordonnance-loi n°67/264 du 23 juin 1967 portant modification du décret-loi du 23 février 1961 portant constitution et organisation de la Banque Nationale du Congo ;
- Ordonnance-loi n°67/266 du 24 juin 1967 instaurant la modification de l'unité monétaire au Congo : la monnaie devient le Zaïre et non plus Franc Congolais. C'est la première réforme monétaire, bien que l'appellation Banque Nationale du Congo soit restée ;
- Ordonnance-loi n°71/008 du 08 mars 1971 portant modification des statuts de la Banque Nationale du Congo ;

[24] Renseignement recueillis pendant notre recherche à la Banque Centrale du Congo.

- Le 04 novembre 1971, la Banque Nationale du Congo devient Banque du Zaïre (recours à l'authenticité) ;
- Le 25 novembre 1972, la Banque Nationale du Zaïre devient Banque du Zaïre ;
- Le 28 septembre 1993, encore une réforme monétaire. L'unité monétaire change et les textes constitutifs de la Banque du Zaïre subissent la deuxième modification. L'unité monétaire Zaïre devient Nouveau Zaïre.

Parmi les plus grands changements, retenons que la première réforme monétaire a eu lieu le 24 juin 1967 où le franc congolais devint le « Zaïre monnaie » et le texte de la Banque National du Congo furent modifiés.

Le 4 novembre 1971, la Banque Nationale du Congo devient Banque Nationale du Zaïre puis Banque du Zaïre le 25 novembre 1972. En 1993 il y a eu démonétisation, le Zaïre monnaie devient « Nouveau Zaïre » entrainant de nouveau le changement des textes constitutifs de la Banque du Zaïre.

c. Banque Centrale du Congo

Le 17 mai 1997, prise du pouvoir par l'Alliance des Forces Démocratiques pour la Libération (AFDL), encore un autre coup d'Etat qui va amener de nouveau au changement de régime. Le nom du pays redevient Congo, et la Banque du Zaïre retrouve son ancienne appellation de la Banque Nationale du Congo. Pour éviter la confusion que porte cette dénomination avec la Banque Nationale du

Congo/Brazzaville, l'institution d'émission de la République Démocratique du Congo prendra alors l'appellation de la Banque Centrale du Congo depuis le 17 juin 1998.

2. Historique du système bancaire congolais

Les institutions bancaires œuvrent en RDC sous le statut juridique de société par actions à responsabilité limité (SARL).

Les profondes mutations intervenues au niveau du cadre macro-économique dues notamment à la mondialisation des activités du secteur financier et l'interconnexion des marchés, ont engendré de profondes réformes tant de la politique que de la gestion monétaire.

Les réflexions menées ont suggéré la restructuration du système bancaire dont l'une des étapes principales était la reformulation du cadre juridique du système bancaire, dans la mesure où le cadre juridique défini par la loi bancaire de 1972 ne couvrait que partiellement les activités du secteur bancaire ; une partie importante de ces activités échappait au contrôle de la Banque Centrale.

Dans ce cadre et pour encadrer efficacement le secteur financier, le législateur a jugé bon de regrouper les entreprises du secteur financier à partir de leur fonction économique qui est la réalisation des opérations de banque.

Jusqu'en 1995, quatre banques ont détenu une position dominante sur le plan de la couverture géographique (90 succursales et agences sur les 109 que comptait le pays à l'époque) et de la collecte de l'épargne (71% du total en 1995) et l'activité du crédit (73% du total en 1995).

En 1999, seules 26 agences sur les 109 existantes en 1995 étaient encore opérationnelles de sorte que dans trois provinces, il n'y avait aucun guichet bancaire (province orientale, Maniema et Équateur).

De 1998 à juin 2004, le système bancaire comprenait 8 banques en activités et 9 banques en liquidation.

Durant des longues années, le système bancaire congolais a opéré avec un niveau des transactions inférieures à 200 millions de dollars. Cette situation ne se justifie pas pour une économie à grande potentialité de production et d'absorption. De prime à bord, l'entrée de quatre nouvelles banques a contribué à l'amélioration des activités bancaires en terme quantitatif.

Les quelques établissements bancaires en RDC, ont limité leurs activités à une offre de financement à court terme et aux activités du commerce extérieur (il n'y a pas des banques d'investissement).

Éléments contribuant à l'effondrement du système bancaire congolais : phénomène Bindo, la situation économique générale, forte implication de l'État dans le secteur financier.

Les activités bancaires congolaises sont dépendantes des devises étrangères en raison de la dollarisation de l'économie. Les transactions avec la clientèle sont libellées en grande proportion en dollar américain et les bilans des banques créatrices de la monnaie (BCM) en suivent.

Section II. LE SYSTEME FINANCIER CONGOLAIS DANS SON ENSEMBLE

Jusqu'au 1er février 2002, le système bancaire congolais était régi par l'Ordonnance-Loi n°72-004 du 14 janvier 1972 relative à la protection de l'épargne et au contrôle des Intermédiaires Financiers dite « Loi Bancaire ».

La nouvelle « Loi Bancaire », la loi n° 003/2002 du 02 février 2002 relative à l'activité et au contrôle des Établissements de Crédit regroupe toutes les entreprises concernées sous le vocable « Établissements de Crédit ».

Il s'agit de :

- Banques de dépôt ;
- Coopératives d'Épargne et de Crédit ;
- Caisses d'Épargne ;
- Institutions Financières spécialisées ;
- Sociétés Financières.

Actuellement, le système financier congolais se compose de[25] :

- 1 Banque Centrale;
- 18 Banques Commerciales agréées ;
- 3 Institutions Financières Spécialisées ;
- 1 Caisse d'Épargne ;
- 3 Sociétés Financières ;
- 119 Coopératives d'Épargne et de Crédits ;
- 17 Institutions de microcrédit ;
- 6 Institutions de Micro finance ;
- 59 Messageries Financières agréées ;
- 16 Bureaux de Change agréés.

Ses principales caractéristiques sont :

- Taux de croissance économique positif ;
- Stabilité relative des prix intérieurs ;
- Taux de dollarisation de l'économie à plus de 70% ;
- Sous bancarisation de la RDC, concentration des guichets bancaires dans les grandes villes des guichets bancaires dans les grandes villes (Kinshasa et Lubumbashi). Taux de pénétration bancaire très faible moins de 2% de la population ;
- Sous-capitalisation du secteur financier et insuffisances des ressources à long terme ;
- Insuffisance d'institutions financières spécialisées ;

[25] www.imf.org/rdc_evaluation_de_la_stabilité_du_système_financier

- Émergence anarchique d'intermédiaires financiers non bancaires ;
- Absence d'un système national des paiements et de règlements performants ;
- Retard dans la mise en œuvre de certaines réformes en faveur du système financier.

1. Les institutions financières bancaires

A. La Banque Centrale du Congo

La Banque Centrale du Congo est une institution de droit public, dotée de la responsabilité juridique. Elle est régie par les dispositions de la loi n° 005/2002 du 07 mai 2002 portant sa constitution, son organisation et son fonctionnement.

La Banque Centrale est chargée de définir et de mettre en œuvre la politique monétaire du pays dont l'objectif principal est d'assurer la stabilité du niveau général des prix.

Elle est indépendante dans la réalisation de cet objectif et accomplit toutes les missions de Banque Centrale.

Depuis 1999, la Banque Centrale du Congo a initié une réforme des systèmes de paiements qui vise la modernisation et la promotion des systèmes de paiement en RDC.

Cette réforme vient en appui aux actions importantes entreprises par la Banque Centrale du Congo notamment la réforme monétaire et la restructuration du système bancaire.

B. Les banques de dépôt

Les établissements de crédit comptent les banques étatiques, des banques à capitaux mixtes et des banques à capitaux privés nationaux et étrangers. On note à leurs côtés des coopératives d'épargne et de crédit ainsi que les institutions de micro finance.

Ces Établissements peuvent effectuer toutes les opérations de banque, à savoir : recevoir des dépôts, accorder des crédits ; mettre en place et gérer les moyens de paiement, effectuer des opérations connexes à leur activité principale notamment le change, le conseil et la gestion en matière de placement du patrimoine.

Au terme de la loi bancaire n°003/2002 du 02 février 2002, les Établissements de crédit sont tenus, avant d'exercer leur activité sur le territoire national, d'obtenir l'agrément de la Banque Centrale. L'obtention de cet agrément est subordonnée à certaines conditions d'ordre juridique et économique.

Les banques commerciales sortent d'une longue période de crise, après les deux pillages de 1991 et 1993 qui ont paralysé le circuit économique du pays.

Pour une population de plus de 70 millions d'habitants avec une superficie énorme de 2 345 000 km², la RDC en 1999 disposait moins de 8 banques commerciales et le nombre des comptes bancaires sont estimés à 30 000 comptes. Une grande partie ne bénéficiant pas des services bancaires constitue une part de marché potentiel non négligeable à exploiter. A peine le système bancaire congolais venait de marquer un pas de modernisation avec l'instauration des cartes bancaires, mais il y a encore beaucoup à faire dans la modernisation de ce système.

Le système bancaire congolais est constitué, à fin décembre 2013, de dix-huit (18) banques commerciales qui disposent plus de 278 agences et près de 1 200 000 comptes bancaires

2. Les institutions financières non bancaires

A. Les coopératives d'épargne et de crédit ainsi que les caisses d'épargne (Institutions de Micro Finance, en single IMF)

Les coopératives sont comparables aux institutions de microcrédit dans notre pays. Il y a 119 coopératives d'épargne et de crédit et 17 institutions de microcrédits qui sont agréées par la Banque Centrale du Congo.

Elles peuvent dans les limites des textes législatifs et réglementaires qui les régissent, traiter les opérations de banque et recevoir du public des fonds à vue, à terme fixe ou avec préavis. Parmi les caisses d'épargne que nous trouvons en République Démocratique du Congo, la CADECO est la plus ancienne, créée en 1950 pendant l'époque coloniale. A côté des coopératives, certaines banques jouent aussi les rôles des institutions de micro finance comme par exemple la Procrédit Bank.

B. Micro finance

La Micro finance est le terme aujourd'hui consacré pour désigner un ensemble d'activités principalement le microcrédit, l'épargne, le transfert d'argent et la micro-assurance destinées à des personnes qui n'ont généralement pas d'accès aux institutions financières classiques, en raison le plus souvent de leur profil socio-économique. Ces dernières années, la Micro finance a bénéficié d'une grande attention et d'une grande publicité, ce qui a évidemment soutenu le développement de ce secteur[26].

En effet, la Micro finance n'est pas la solution en matière de développement, cependant, il est aujourd'hui évident que, pour bon nombre de personnes dans les pays en développement, le non-accès à des services financiers de qualité et à un prix acceptable est un facteur particulièrement contraignant.

En fait, bien conçues et bien gérées, les organisations de Micro finance permettent simplement que des personnes exclues des circuits bancaires classiques aient accès à des services financiers principalement de l'épargne et du crédit, plus marginalement des produits d'assurance et des services de transferts de fonds à un coût total qui soit pour elles inférieur aux coûts générés par les services financiers informels, auxquelles s'adressent en l'absence d'alternatives institutionnelles.

---

[26] P. DEVELTERE, T. DEBRUYN, M. LABIE et A. PERILLRUX, *Réflexions pour une participation de la coopération belge à une politique d'appui à la micro finance en RDC*, Centre de recherche Warocqué et GRAP-OSC, 2007, p. 6.

La micro finance peut certainement trouver sa place parmi les diverses politiques de lutte contre la pauvreté, mais elle n'aurait par contre constitué le seul angle d'attaque. Enfin, il faut noter que le secteur de la micro finance est fort hétérogène, il regroupe plusieurs institutions très différentes, par exemple les Organisations Non Gouvernementales pour le Développement (ONGD)[27].

➢ **La Micro finance en République Démocratique du Congo**

La profondeur des effets que la Micro finance peut induire dans un espace social se justifie par cette synthèse formulée lors du dernier colloque organisé à Kinshasa par le Regroupement des Institutions de Financement Décentralisé en RDC (RIFIDEC). Cette synthèse se présente comme suit :

Tableau II.1 : Différence de la Micro finance et les banques classiques

Banques	Micro finance
Prêtent aux riches	Prêtent aux pauvres
S'intéressent aux hommes	S'intéressent aux femmes
Prêtent de gros montants	Prêtent de petits montants
Demandent des garanties	Pas de garanties
Exigent une paperasse	Accessibilité aux plus démunis
Reçoivent les clients	Vont vers les clients

Source : BCC

27 P. DEVELTERE, T. DEBRUYN, M. LABIE et A. PERILLRUX, Op. Cit. p. 13.

Voilà comment la Micro finance a développé des capacités d'atteindre directement les populations les plus défavorisées et donc d'orienter le ruissellement des richesses vers les pauvres[28].

Les principaux acteurs impliqués dans le secteur de la Micro finance en RDC sont les suivants :

a. **Les Bénéficiaires**, répartis dans les trois catégories ci-après :

- les individus ou groupes de base, pauvres et vivant en deçà de 1 USD par jour ;
- les personnes victimes des catastrophes et de guerre : déplacés de guerre, invalides, femmes veuves, personnes atteintes du VIH/Sida ;
- les Petites, Moyennes et Micro entreprises : Cette catégorie regroupe généralement les entreprises de type familial qui ont été créées pour la survie.

b. **Les Systèmes Financiers Décentralisés (SFD),** en l'occurrence les Coopératives d'Epargne et de Crédit (Coopec) et les Institutions de Micro finance (IMF) ;

c. **Les Bailleurs de Fonds** : qui interviennent soit dans la promotion de ces SFD au niveau du renforcement des capacités, soit dans leurs actions sur terrain par l'octroi

[28] Renseignement recueillis mors de notre recherche à la Banque Centrale du Congo.

de financements. C'est le cas notamment du PNUD, de la FAO, de l'USAID et de l'ACDI ;

d. **Les banques commerciales** : Elles s'intéressent aussi des activités de la Micro finance. C'est le cas de la PROCREDIT à Kinshasa ;

e. **Le Gouvernement**, en l'occurrence le Ministère de l'Industrie, Petites, Moyennes Entreprises et Artisanales ;

f. **La Banque Centrale du Congo** : qui assure la réglementation, la supervision et l'encadrement du secteur.

La Banque Centrale du Congo dispose d'une sous-direction consacrée à la Micro finance, ce service est dirigé par des personnels compétents, motivés et ayant une très bonne connaissance de la Micro finance. Il faut rappeler également que toute politique économique visant à favoriser le redressement et l'expansion d'un secteur bancaire efficace contribuera également à améliorer l'environnement de travail des acteurs de la Micro finance[29].

Concernant la supervision des institutions de Micro finance, il est important de souligner qu'au stade où se trouvent nombre d'entre elles, il est fondamental de privilégier une supervision sur site, de manière à ce que le

[29] Renseignement recueillis mors de notre recherche à la Banque Centrale du Congo.

dialogue entamé entre les responsables de ces institutions et les fonctionnaires de la Banque Centrale contribue à une réelle amélioration des pratiques de gestion. Un autre problème rencontré par la Banque Centrale est le fait que, selon la loi congolaise, quand la Banque Centrale décide de mettre en liquidation une institution financière, elle doit assumer elle-même le coût de cette liquidation.

Or, il existe plusieurs institutions de Micro finance qui devraient être liquidées dans la mesure où elles ne garantissent pas la protection de l'épargne de leurs membres ; mais comme la Banque Centrale ne dispose pas d'assez des moyens financiers pour assurer les frais de liquidation de ces instituions à problème et notamment les indemnisations des épargnants, il lui est difficile de réaliser un tel assainissement[30] .

Une action permettant à la Banque Centrale de protéger les épargnants répondrait à deux objectifs : renforcer la confiance des citoyens congolais dans cette même Banque Centrale et éviter que n'apparaisse un phénomène de défiance vis-à-vis des institutions de Micro finance : bien menée une telle opération pourrait en outre contribuer à renforcer l'importance, pour les institutions, d'une agréation par la Banque Centrale.

C. Les sociétés financières et institutions financières spécialisées

Elles ne peuvent recevoir du public des fonds à vue ou à moins d'un an que si elles y sont autorisées à titre

[30] Idem

accessoire dans les conditions définies par la Banque Centrale du Congo. Les sociétés financières ne peuvent effectuer que les opérations de banques résultant soit de la décision d'agrément qui les concerne, soit des dispositions légales et réglementaires qui leur sont propres. Nous pouvons citer :

- Airtel Money ;
- Tigo Cash ;
- Vodacom M-pesa[31].

Les institutions financières spécialisées sont des Établissements de Crédit auxquels l'État a confié une mission d'intérêt public, elles ne peuvent effectuer d'autres opérations de banque que celles afférentes à leurs missions, sauf à titre accessoire. Nous citerons aussi :

- Fonds de Promotion de l'Industrie (FPI) ;
- Société Financière de Développement (SOFIDE) ;
- Fonds National de la Micro finance (FNM)[32].

D. Les autres institutions financières non bancaires et intermédiaires financiers

Ils ne sont pas considérés comme Établissement de Crédit, nous avons entre autres :

- Société Nationale d'Assurance (SONAS) : c'est une entreprise d'assurance créée en 1966 ayant pour rôle de mobiliser l'épargne volontaire et obligatoire ;

[31] BCC, *rapport annuel 2013* p. 320.
[32]. BCC, Op. Cit. p 321.

- Institut National de Sécurité Sociale (INSS) : c'est un organisme de retraites ;
- Bureau de change ;
- Les Loteries et les entreprises de collecte dans les buts sociaux ;
- Les messageries financières ;
- Etc.

Toutefois, si l'indemnisation des épargnants est sans aucun doute souhaitable et permettrait de renforcer la confiance de la population, elle risquerait également d'être difficile à gérer : entre autres, il faudrait procéder à une évaluation préalable des sommes en jeu et à une réévaluation de la monnaie afin d'accorder des indemnisations sensées, prenant en compte l'hyperinflation qui a sévi ces dernières décennies. Il faudrait également s'attendre à des difficultés pratiques de répartition des indemnités ; et il conviendrait de tenir compte du coût de gestion des fonds, cette tâche ne pouvant être laissée à l'institution déclarée en faillite.

Section III. LA CRISE BANCAIRE EN RDC

La crise économique que traverse la République Démocratique du Congo a profondément bouleversé le rôle et la place des banques dans la société congolaise. Les crises bancaires sont naturellement longues et leurs effets sont très graves sur l'ensemble des activités économiques.

En République Démocratique du Congo, la crise bancaire a eu un impact très négatif sur la croissance et l'équilibre interne et externe du pays. La plupart des banques se trouvant au pays prêtent peu aux entreprises. Cependant, il convient de regarder de près la gestion des réserves de change par la Banque Centrale l'impact de la crise s'est fait davantage ressentir sur l'aide publique au développement, compte tenu de la rupture avec les institutions de Bretton Woods. Au regard de la contraction du crédit et du ralentissement de l'économie, les flux d'investissement des entreprises multinationales vers le pays n'existaient plus et l'accès aux marchés internationaux de capitaux était devenu très difficile[33].

Le système financier de la République Démocratique du Congo est caractérisé par la domination du secteur bancaire avec un rôle inexistant des marchés boursiers. Les emprunts des institutions financières auprès des banques étrangères sont assez contrôlés dans le cadre du contrôle des changes et les banques ne font pas face à des risques liés aux changements hors bilan. Cela explique en grande partie l'impact limité sur le secteur bancaire en République Démocratique du Congo. Le faible taux d'intégration financière de la RDC ne la protège pas des effets de la crise.

Très souvent, les déséquilibres macroéconomiques peuvent mettre en marche un processus de désintermédiation financière durable conduisant à une cessation des activités bancaires. Rappelons qu'au cours de

---

[33] MASIMANGO KALALA Jean de la croix, *Effet de la reprise des activités bancaires sur la croissance économiques en RDC*, mémoire de licence, Université de Kinshasa, 2007-2008, p. 42.

la décennie 90, beaucoup des pays ont connu des crises financières : entre autres le Mexique, les pays d'Asie du Sud-est, l'Argentine, etc. Un facteur important qui a provoqué ces crises est la détérioration du bilan des banques en raison de l'accroissement des pertes sur les prêts distribués[34].

Dans la même décennie, le système bancaire congolais a été caractérisé par la désintermédiation financière dont les événements les plus incisifs qui ont concouru à cette situation sont [35]:

- Les deux pillages de 1991 et 1993 qui ont détruit les infrastructures de production et les circuits de commercialisation. Cette situation a favorisé l'émergence d'un important secteur informel qui détient, hors du système bancaire, d'importantes encaisses monétaires ;
- Les phénomènes Bindo et Masumona, jeux de placement populaire qui ont entraîné, hors du système bancaire, une large part de la masse monétaire sous forme fiduciaire. Le public était attiré par les taux d'intérêt fort attrayant qu'offraient ces maisons de placement, alors que les taux créditeurs réels des banques étaient demeurés largement négatifs ;

---

[34] Idem.

[35] MABI MULUMBA, *Les dérives d'une gestion prédatrices, le cas du Zaïre devenu la République Démocratique du Congo*, Kinshasa, 2002, p. 207-208.

- Les guerres civiles et d'agressions qui ont éclaté en fin 1996 et 1998 ;
- Les différentes mesures de la zaïrianisation en novembre 1973, ainsi que la radicalisation en décembre 1974.

Cette crise bancaire a été due aux situations conjoncturelles et structurelles caractérisées par l'ambiguïté du Statut de la Banque Centrale. Faute de l'indépendance de celle-ci, elle entraînera le recours à outrance de l'Etat aux avances à la Banque Centrale du Congo pour couvrir ses déficits budgétaires.

En effet, lorsque l'autorité cherche à financer ses déficits par la création monétaire, cela entraîne très souvent la hausse du niveau général des prix. Cependant, lorsqu'on assiste à trois mois successifs de l'inflation à plus de 20%, on est dans l'hyperinflation[36]. Une situation de l'hyperinflation est un grand obstacle pour les activités économiques, elle est encore plus grave lorsqu'il s'agit du secteur bancaire. Parce que les activités des banques marchent en contre sens de l'hyperinflation[37].

Plus qu'on assiste à une augmentation du niveau général des prix, plus le taux d'intérêt débiteur appliqué par les banques sera très élevé. Quand le taux d'intérêt débiteur est trop élevé, les débiteurs seront découragés à s'engager auprès des banques. Nous savons bien que les crédits sont les dépôts ; si les banques ne parviennent plus à faire des

---

[36] F. KABUYA KALALA, notes de cours, Op. Cit. p. 37.

[37] P. SAMUELSON, Macroéconomie, les éd. d'Organisations, 14ème éd., Paris, 1995, p. 825.

crédits, elles seront vouées à la disparition. Par conséquent, on assiste au ralentissement des investissements.

L'inflation est un trait quasi permanent de l'économie congolaise. Entre 1990-1996, le pays est entré dans le spiral hyper inflationniste avec des taux d'inflation à des niveaux impensables.

Représentons dans le tableau ci-dessous les situations des taux d'inflation et des taux de croissance économique entre 1998-2010 :

Tableau II.2 : Evolution de taux d'inflation et de croissance économique de 1998-2010

Année	Taux d'inflation	Taux de croissance économique
1 998	135,00	-1,70
1 999	484,00	-4,30
2 000	511,20	-6,90
2 001	135,10	-2,10
2 002	15,80	3,50
2 003	4,40	5,80
2 004	9,20	6,60
2 005	21,30	7,80
2 006	18,20	5,60
2 007	9,90	6,30
2 008	27,57	5,90
2 009	53,70	2,80
2 010	9,80	7,20

Source : BCC

Comme nous le montre les chiffres dans le tableau ci-haut, la République Démocratique du Congo a passé de moment sombre dans son histoire économique en enregistrant les taux de croissance économique négatif et cela se visait encore en 1998 avec un taux de croissance à -1,7% et en 2001 à -2,1%. C'est à partir de 2002, qu'il y aura relance des activités économiques et le taux d'inflation connaîtra une baisse drastique et la reprise positive du taux de croissance économique.

La monnaie nationale ne jouissant plus d'une certaine stabilité due à l'hyperinflation, c'est l'élément moteur de la manifestation de la crise aiguë de la liquidité dans les banques et la perte de crédibilité de la Banque Centrale vis-à-vis de la population. Cette situation a fait que la monnaie nationale n'ait plus su remplir convenablement ses fonctions essentielles dans ses rapports d'échange.

Nous savons bien que la crise bancaire survient lorsqu'une crise de confiance du public induit une banque à suspendre la convertibilité interne de ses engagements et force l'État à intervenir pour empêcher cela en apportant un soutien financier massif. Alors qu'en République Démocratique du Congo, c'est l'État qui est l'une des principales causes de cette crise.

Suite à ces situations, le système bancaire s'est trouvé plongé dans une crise profonde de désintermédiation qui a mis les banques commerciales congolaises dans un état d'incapacité à survivre et à surmonter la crise.

La pénurie des billets dans des banques est apparue comme la principale cause conjoncturelle de la déchéance du système bancaire congolais. En dépit d'une forte expansion des liquidités, liée à la monétisation des déficits de l'État, les banques commerciales étaient privées de versements en espèces de la clientèle.

Par ailleurs, ne pouvant actionner leurs disponibilités à la Banque Centrale, elles étaient dans l'impossibilité de transformer en espèces les crédits octroyés à une partie de la clientèle. Incapable de répondre aux demandes pressantes de retraits de fonds, les banques commerciales, démunies en outre de devises, ne disposaient d'aucun élément susceptible d'attirer les espèces détenues par les agents économiques.

Parmi les facteurs qui ont favorisé une forte circulation fiduciaire hors banque, il y a les nombreux paiements en espèces qui étaient effectués aux guichets de la Banque Centrale au profit de divers fournisseurs et autres créanciers de l'Etat. Ce faisant, l'institut tendait à s'accaparer de certaines activités des banques commerciales.

L'environnement des affaires des banques commerciales congolaises a été marqué par une succession d'événement des affaires auxquels celles-ci semblaient ne pas s'adapter. Les jeux des placements spéculatifs appelés « Bindo, Nguma et Masamuna », et la pénurie persistante des billets dans le circuit bancaire.

Il est intéressant à ce propos de constater qu'une partie de la clientèle des banques, après avoir encaissé le coup, s'était ressaisie et même s'est adaptée plus vite à la nouvelle situation que les banques elles-mêmes. Ce sont ces clients qui sont aujourd'hui les principaux acteurs de la finance directe. Ces opérateurs peuvent non seulement se passer du système bancaire, mais aussi accorder des prêts tant en devises qu'en monnaie nationale.

Cependant, la part accrue prise par l'économie informelle a conduit à la marginalisation des établissements de crédit avec le volume des dépôts très faibles et un taux de bancarisation également très faible. Tous ces facteurs ont créé une crise de confiance ayant entraîné la méfiance du public vis-à-vis des banques. Ces dernières ne pouvaient donc plus jouer pleinement leur rôle dans le financement de l'économie.

Il est important de souligner que les politiques gouvernementales mises en œuvre n'ont pas seulement provoqué des perturbations des prix et de la production, elles ont également entraîné un changement dans l'évolution de certaines variables monétaires comme les réserves obligatoires et les taux d'intérêt[38].

Ainsi, la figure suivante synthétise les origines de la crise bancaire en République Démocratique du Congo de la décennie 90 :

---

[38] BCC, *Rapports annuels*, 1999-2000.

Figure II.1 : Schéma explicatif de la crise bancaire de la République Démocratique du Congo

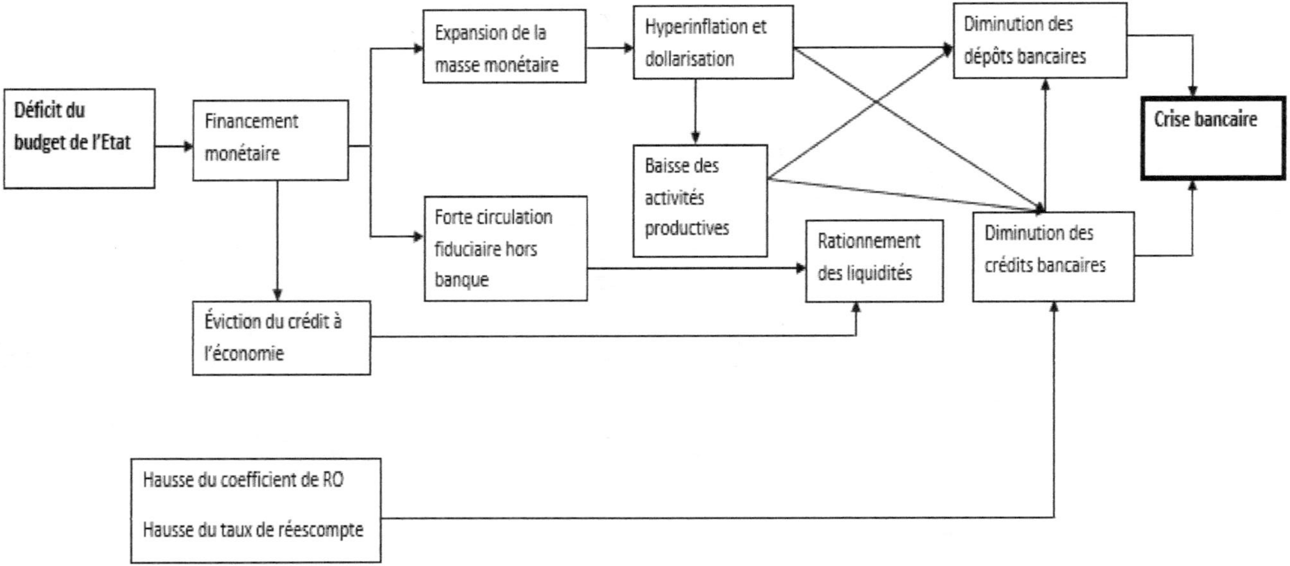

Source : Professeur F. KABYA KALALA

Le schéma ci-dessous en résume la chaîne de causalité de la crise bancaire en République Démocratique du Congo : le déficit de l'Etat est largement financé (plus de 95%) par la création monétaire qui entraînera une expansion monétaire et une forte circulation fiduciaire hors banque qui à son tour va générer l'hyperinflation et la dollarisation de l'économie ; la forte circulation hors banque et l'éviction du crédit à l'économie amènent des banques au rationnement des liquidités ; les perturbations macroéconomiques précédentes conduisent à une contraction des dépôts et des crédits bancaires ; par ailleurs, la hausse du coefficient de réserve obligatoire (RO) et du taux de réescompte a contribué à la réduction des crédits bancaires ; les crédits faisant les dépôts, la réduction des premiers a entrainé la baisse des seconds ; finalement, la contraction simultanée des deux variables d'intermédiation bancaire fait apparaître les conditions nécessaires de la **crise bancaire**[39].

[39] F.KABUYA. KALALA, Op. Cit. p. 42.

CHAPITRE III : LA RESTRUCTURATION DU SYSTEME BANCAIRE CONGOLAIS VIA LA POLITIQUE DE LA BANQUE CENTRALE DU CONGO

0. INTRODUCTION

En tant qu'intermédiaires financiers, les banques remplissent une fonction vitale dans l'économie, celle d'assumer la connexion entre, d'une part, les agents économiques qui dégagent une capacité de financement, c'est-à-dire ceux dont le revenu est supérieur à la dépense totale, et d'autre part, ceux qui font face à un besoin de financement. Elles fournissent du crédit aux agents économiques grâce aux dépôts que confient leurs clients.

Le rôle d'intermédiation bancaire se manifeste dans une activité que l'on nomme transformation. L'intermédiation bancaire augmente l'efficacité économique, en rémunérant l'épargne des déposants et en prêtant aux entrepreneurs dont la rentabilité des projets est supérieure au coût de l'investissement. Ce faisant, les banques réduisent le coût de transaction des agents, en réalisant une économie de temps et de capitaux pour conclure des transactions financières[40].

Durant toute une décennie, les dépôts et les crédits offerts par le système bancaire, toutes maturités

---

[40] L. Scialon, *Economie bancaire*, coll. Repère, Edition la Découverte et Syros, Paris, 2004, p. 152.

confondues, ont connu une sombre période. Dans une telle perspective, l'assainissement de l'environnement des affaires en général et des activités bancaires en particulier en RDC est devenu un passage obligé.

L'histoire économique de la République Démocratique du Congo a été jalonnée de plusieurs tentatives d'assainissement et de redressement de l'économie, confronté aux déséquilibres financiers, à la montée de l'endettement et à la stagnation de la production. C'est depuis la deuxième moitié de 1997, après la chute du régime de la deuxième république, les programmes de la reconstruction ont été entamés et la réforme des entreprises publiques commença. A cette époque, quelque progrès, comme la nouvelle monnaie, avaient été réalisés pour le rétablissement de l'économie du pays, mais un grand nombre de problèmes important est resté en suspens.

Ce chapitre donne l'évolution de la restructuration du système bancaire congolais à la première section, et la seconde parle de la performance du système financier de la RDC.

Section I. : LA RESTRUCTURATION DU SYSTEME BANCAIRE CONGOLAIS

Les turbulences financières et bancaires en RDC au cours des décennies 1980 et 90 ont fortement incitées, à l'aube du nouveau millénaire, à une restructuration du système bancaire et au renforcement de sa supervision par la Banque centrale du Congo.

La restructuration du système bancaire a été amorcée et mis en place par la Banque Centrale du Congo pour permettre aux banques d'exercer leurs activités dans un environnement sain.

C'est pourquoi, la problématique de la réforme du secteur bancaire en RDC remonte depuis 1997, mais actuellement la portée de cette mesure ne peut être idéalement saisie que lorsqu'on la replace dans le contexte de la refondation de l'économie nationale.

Amorcée depuis 1998, le processus de restructuration du système bancaire financier national dont l'objectif est la relance de l'intermédiation financière et la mise en place d'un système financier stable, solide et rentable[41] .

1. Problématique de la restructuration bancaire[42]

Le système bancaire congolais est secoué par une crise bancaire et financière aiguë dont les premières manifestations sont apparues vers la fin des années 80.

Cette dégradation du système bancaire s'était amplifiée avec la persistance de la crise économique, l'instabilité monétaire et les effets pervers de la guerre.

Le diagnostic fait par la Banque Centrale avait permis d'identifier les principales causes ci-après de la

---

[41] BCC, Op. Cit. p. 54.
[42] BCC, *Etat d'avancement du processus de restructuration bancaire*, Kinshasa 2003, p. 1-3.

dérive de la situation des banques et institutions financières :

i. **La dégradation de l'environnement économique ou le recul de l'activité économique nationale** provoqué entre autres par la baisse de prix des produits de base exportés ainsi que les pillages de l'infrastructure économique, et ayant entraînés des conséquences néfastes sur le système bancaire à savoir :
   - L'érosion des fonds propres par l'inflation ;
   - La dégradation du produit net bancaire suite à l'effritement du marché bancaire et à la montée du secteur informel ;
   - La détérioration du portefeuille-crédits et de la trésorerie à cause des difficultés éprouvées par les entreprises du fait de la crise économique et du gel de paiement de la dette publique intérieure.

ii. **Les faiblesses dans la gestion interne des banques** caractérisées notamment par la prise des risques bancaires inconsidérés, le manque de rigueur dans les contrôles internes et la maîtrise insuffisante des frais généraux résultant principalement des structures surdimensionnées et du personnel pléthorique ;

iii. **Les insuffisances liées au dysfonctionnement du système monétaire** telles que :
   - L'instabilité monétaire ;
   - La crise des signes monétaires ;
   - L'inconvertibilité des dépôts bancaires ;
   - La diversité des taux de change ;

- L’éclatement du pays en plusieurs espaces monétaires ;
- Le manque de discipline monétaire par le recours abusif de l’État au refinancement monétaire au détriment de l’économie ;
- L’inefficacité des instruments de la politique monétaire dans le développement des activités bancaires.

iv. **L’interventionnisme de l’État** caractérisé essentiellement par :
- L’ingérence de l’État dans la gestion notamment par la désignation des dirigeants non professionnels et l’octroi des crédits de complaisance ;
- Le clientélisme politique dans le chef des dirigeants de certaines banques et des bénéficiaires des crédits.

v. **La dégradation de l’appareil judiciaire traduite** par :
- Des jugements uniques condamnant les banques de manière arbitraire et disproportionnée, lesquels ont compromis dans certains cas leur fonctionnement et leur survie ;
- Des insuffisances dans le fonctionnement de l’appareil judiciaire en ce qui concerne le recouvrement des créances par la réalisation des garanties.

vi. **L'inadéquation du cadre légal, fiscal et réglementaire de l'activité bancaire et l'inefficacité de la surveillance bancaire** résultant notamment :

- Des insuffisances au niveau de certaines dispositions de la loi bancaire et du dispositif prudentiel ;
- Des distorsions fiscales telles que sur le provisionnement des créances douteuses ;
- De l'ingérence de l'Etat lors de la prise des mesures de redressement ou des sanctions par l'organe de surveillance bancaire ;
- Du manque de personnel qualifié et des équipements informatiques appropriés.

Tous ces facteurs ont créé une crise de confiance ou la méfiance du public vis-à-vis des banques et empêché ces dernières de jouer pleinement leur rôle dans le financement sain de l'économie.

D'ailleurs, leur marginalisation était effective avec les dépôts représentant moins de 2% de la masse monétaire et des crédits de moins de 1% du PIB.

Ainsi, depuis le début des années 90, le système bancaire se trouve dans une situation très critique car il est composé des banques en déséquilibres tant financiers qu'organisationnels et ne respectant pas l'ensemble des normes réglementaires en vigueur.

2. Réponses des autorités politiques et monétaires aux difficultés du système financier de la RDC

Face à cette crise bancaire, le Gouvernement de la RDC S'est engagé en 1988 dans un programme d'assainissement de l'espace économique, financier et monétaire incluant notamment la restructuration du système bancaire congolais.

Par la suite, dans le cadre du programme triennal 2002-2005, le Gouvernement avait réitéré auprès des Institutions de Bretton Woods son engagement de restructurer le système bancaire.

La Banque Centrale du Congo perçoit la restructuration bancaire comme une opération qui a pour but, non seulement de résoudre les difficultés présentes du système bancaire mais aussi de prévenir les risques de fragilisation ultérieure. Cela conduit aussi bien à liquider les banques insolvables et irrémédiablement compromises pour assainir le système, qu'à restaurer également et durablement la solvabilité, la liquidité et la rentabilité des banques en activité, seul gage d'un système bancaire sain, solide et crédible[43].

3. Principaux axes du processus de la restructuration du système financier congolais

Dans le cadre de la relance de l'intermédiation financière, les principaux axes portent sur l'environnement structurel des banques.

Il s'agit notamment des axes ci-après :

[43] www.google.cd/emungu/etat_du_système_financier_en_rdc.

A. La stabilisation du cadre macroéconomique

L'objectif poursuivi par le programme économique du Gouvernement est de maintenir le taux d'inflation à un niveau très raisonnable afin de sauvegarder le pouvoir d'achat de la monnaie nationale et inciter à l'épargne.

En effet, la stabilité macroéconomique sous-entend :

- Le maintien de l'inflation dans des proportions acceptables (stabilité du niveau général des prix) ;
- Stabilité de la monnaie nationale, tant au niveau de sa valeur interne qu'externe ;
- La stabilité du système financier (bancaire).

En effet, c'est vers 2002 qu'on assiste à un rétablissement de la stabilité du niveau général des prix dans des proportions acceptables, à la position progressivement soutenable sur le plan extérieur[44], mais la stabilité du secteur financier pose encore un problème. La stabilité du système bancaire s'entend comme la restauration de la liquidité et de la solvabilité. En ce qui concerne la liquidité, les banques doivent être capables de faire face à tout instant aux demandes de retrait de la clientèle.

B. Le réaménagement de la politique monétaire et de change

Dans ce domaine, la Banque Centrale avait procédé entre autre à :

[44] BCC. *Rapport annuel 2002,* p. 22.

- La révision de la règlementation du change consacrant la circulation concomitante des devises étrangère et du franc congolais ainsi que le dénouement des transactions dans les deux monnaies ;
- La libéralisation des conditions de banque (taux d'intérêt) ;
- L'unification des taux de change[45].

C. La rénovation du cadre légal de l'activité bancaire

Pour remédier aux insuffisances du cadre légal de l'activité bancaire en renforçant notamment le pouvoir de la BCC, le Président de la République, après adoption par l'Assemblée Constituante et législative, Parlement de Transition avait promulgué les lois ci-après :

- Loi n°002/2002 du 02 février 2002 portant dispositions applicables aux Coopérative d'Epargne et de Crédit, COOPEC en sigle.

  Cette loi définit un cadre institutionnel spécifique aux coopératives d'épargne et de crédit destiné à sauvegarder les particularités inhérentes à leurs modes d'organisation et de fonctionnement. Les coopératives constituent ainsi des entreprises ou des groupements de personnes dotés de la personnalité juridique et fondés sur les principes d'union, de solidarité et d'entraide mutuelle et ayant pour vocation de porter assistance à leurs membres en leur assurant essentiellement un accès suffisant aux

---

[45] BCC, *Etat d'avancement du processus de restructuration*, p. 4.

services financiers d'épargne et de crédit de proximité.

- Loi n°003/2002 du 02 février 2002 relative à l'activité et au contrôle des Établissements de Crédit ;

  Cette loi communément appelé loi bancaire, couvre toutes les entreprises du secteur financier et les définit à partir de leur fonction économique qui est la réalisation d'opération de banques ci-après :
  - ➢ La réception des fonds du public ;
  - ➢ Les opérations de crédit ;
  - ➢ Les opérations de paiement et la gestion des moyens de paiement.

  La loi bancaire regroupe sous le vocable d'établissement de crédit, les entreprises limitativement identifiées ci-après :
  - ➢ Les banques ;
  - ➢ Les coopératives d'épargne et de crédit ;
  - ➢ Les caisses d'épargne ;
  - ➢ Les institutions financières spécialisées ;
  - ➢ Les sociétés.
- Loi n°005/2002 du 07 mai 2002 relative à la constitution, à l'organisation et au fonctionnement de la BCC.

  Cette loi détermine les organes de la BCC ainsi que leurs pouvoirs respectifs. Elle précise les missions de cette Institution de Droit Public et consacre son indépendance dans la réalisation de celle-ci.

Dans ce contexte, le législateur reconnaît à l'Institut d'Émission le pouvoir d'élaborer la réglementation et de contrôler les Établissements de Crédit, les Institutions de Micro Finance et les Autres Intermédiaires Financiers.

Il importe de préciser qu'à travers cette loi, les missions de la Banque Centrale ont été recentrées en insistant sur les principes bancaires susceptibles de favoriser l'insertion du pays dans les communautés économiques régionales et internationales.

La BCC tire, de par les dispositions des lois précitées, des pouvoirs étendus notamment en matière de surveillance et d'encadrement du secteur financier[46].

D. La mise en place du cadre juridique de la restructuration

C'est par le décret- loi n°065 du 20 avril 1998 qu'a été institué le régime spécial de la restructuration bancaire en RDC. Les lettres dont la référence : Gouv/ CRBC / N°5516 du 18 mai 1998 portent création du Comité de Restructuration Bancaire en RDC (COREBAC) exécuté par la BCC.

L'article premier du dit décret-loi précise que les banques et institutions financières à restaurer sont celles à déséquilibre financiers. Au terme de l'article 2, le régime spécial de restructuration est défini comme l'ensemble des mesures et dispositions visant à modifier la structure et le

[46] BCC, *Rapport sur la supervision des intermédiaires financiers*, 2010, p. 39-40.

mode de fonctionnement d'une banque ou d'une institution financière en vue du rétablissement de son équilibre financier.

Les opérations sont de nature et de forme diverses contenues dans le programme d'orientation en matière de restructuration bancaire défini par la BCC portent sur :

- La cession totale ou partielle des actions et des activités ou des fonds de commerce ;
- La fusion avec une autre institution financière;
- Le redimensionnement du cadre organique ;
- La réduction éventuelle des effectifs de personne;
- La suppression d'une partie des activités et la recapitalisation.

L'ensemble de ces opérations vise la rentabilité de banques et la viabilité économique[47].

En guise de soutien aux efforts déployés par les actionnaires des banques et institutions financières dans le but de restaurer la conformité aux normes prudentielles édictées par la Banque Centrale, le Gouvernement avait institué un Régime Spécial de Restructuration, lequel accord aux établissements de crédit y admis trois types d'avantages institutionnels à savoir :

- **Sur le plan fiscal**, la banque ou l'institution financière est exonérée des droits et taxes au Trésor Public et expressément énumérés dans le plan de restructuration (article 10) ;

[47] BCC, Op. Cit. p. 15.

- **Sur le plan juridique,** toute action engagée contre une banque admise au régime spécial ainsi que toute procédure d'exécution sur son patrimoine sont suspendues jusqu'à la levée dudit régime (article 8) ;
- Du point de vue **du code de travail,** en cas de réduction des effectifs du personnel ou de suppression d'emploi, la banque ou l'institution financière admise au régime spécial est exemptée de l'autorisation administrative prescrite à l'article 64 et du respect de délai prévu à l'article 81 de l'ordonnance loi n°67/310 du 09 Août 1967 portant code de travail.

Lesdits avantages institutionnels devraient permettre aux établissements de crédit notamment :

- D'adapter dans un délai raisonnable les effectifs au niveau réel d'activité, en évitant des pesanteurs liées aux formalités administratives mais dans le respect des droits des travailleurs ;
- D'alléger le coût de la restructuration en charge des actionnaires ;
- D'être épargnés des tracasseries judiciaires résultant essentiellement des jugements iniques rendus par les cours et tribunaux.

Hormis la protection judiciaire qui découle de plein droit de l'admission au Régime Spécial, la réduction des effectifs et les exonérations fiscales doivent être justifiées dans le programme de restructuration.

S'agissant des exonérations fiscales, elles sont accordées, après examen de la demande, par l'arrêté du Ministère des Finances[48].

4. Assainissement du secteur bancaire par l'opération de liquidation des banques et leur suivi[49]

L'œuvre d'assainissement du secteur bancaire congolais sous la conduite de la Banque Centrale du Congo se poursuit inexorablement. Aucune pause ne peut être observée. Amorcé depuis 1998 par la BCC, le processus de la restructuration du système bancaire congolais, lequel processus revêt outre la rénovation du cadre légal et réglementaire en l'alignant aux standards internationaux deux volets à savoir d'une part, la consolidation des banques jugées viables et, d'autre part, l'assainissement ou la mise à l'écart des banques en situation compromise et dont les équilibres fondamentaux sont rompus.

S'agissant particulièrement de la mise en liquidation des banques en déséquilibre et sans aucune perspective de redressement, l'on dénombre dix établissements de crédits en dissolution, dont deux volontaires et autorisées par l'institut d'Émission :

- Banque Continentale au Congo (BANCOC) ;
- Union de Banques Congolaises (UBC).

Et huit (8) forcées sur la décision de l'Autorité Monétaire :

- African Trade Banque (ATB) ;

---

[48] BCC, Op. Cit. p. 15.
[49] Idem, P. 52.

- Banque à la Confiance d'Or (BANCOR) ;
- Banque de Crédit Agricole (BCA) ;
- Banque Congolaise du Commerce Extérieur (BCCE) ;
- Banque de Commerce et de Développement (BCD) ;
- Compagnie Bancaire de Commerce et de Crédit (COBAC) ;
- First Banking Corporation Congo(FBCC) ;
- Nouvelle Banque de Kinshasa (NBK).

L'évaluation du processus de la liquidation des banques malades au terme de l'exercice 2010 indique que les actions entreprises sont en bonne voie. Ce qui a permis l'assainissement de l'environnement bancaire en vue de la reprise de l'intermédiation financière. La ferme volonté affichée par l'Institut d'Émission d'engager le processus de fermeture et de mise à l'écart des établissements de crédits compromis et sans aucune perspective de redressement a fini par donner des fruits entraînant de ce fait l'adhésion tant des partenaires extérieurs que du Gouvernement.

Dans l'ensemble du processus, il se dégage que les opérations de liquidation sont déjà clôturées pour trois banques publiques (BCCE, NBK, et BCA) et deux banques privées (BCD et FBCC). S'agissant des établissements de crédits restant en dissolution, elles sont à la seconde phase et la clôture de la liquidation pour certains tels que la COBAC, l'ATB, la BANCOR, la BANCOC et l'UBC peut être envisagée à brève échéance.

S'agissant d'une action d'assainissement, l'Institut d'Émission estime qu'il ne faut pas tirer les choses en longueur et qu'il y a lieu de réaliser toutes ces opérations au moindre coût possible.

Le processus mise à l'écart des banques publiques et privées en déséquilibre et sous perspectives de redressement a abouti à l'assainissement du système bancaire congolais.

5. Effet de la restructuration du système bancaire congolais

La restructuration du système bancaire congolais a eu une incidence positive sur la relance des activités bancaires en particulier et sur l'économie en générale en RDC, qui s'est traduite par une expansion des crédits distribués au secteur privé. Il sied de relever que la parité entre la monnaie scripturale et la monnaie fiduciaire a été rétablie et que l'épineux problème de pénurie des signes monétaires dans le système bancaire commence à être résolu petit à petit depuis la mise en place des différentes mesures de restructuration du système bancaire congolais.

Les grandes entreprises comme les petites et moyennes entreprises ont besoin des services bancaires plus classiques, disposer d'un endroit sûr où déposer leur argent, retirer facilement les fonds ; opérer des transferts sans lourdeur administratives inutiles et bénéficier des crédits pour accroître leurs activités[50].

En effet, en matière de restructuration du système financier, plusieurs actions ont été réalisées comme par

[50] www.core.ucl.be/tulkens/fichier_pdf/banque_et_entreprise.

exemple l'audit organisationnel et financier auprès de toutes les banques par des cabinets de renommée internationale Price Waterhouse Coopers et Ernest Young.

Après cet audit, un plan de restructuration a été transmis à la BCC. Ainsi, à l'issue de diagnostic de différentes mesures de la restructuration avec le concours de la Banque mondiale, dix banques ont été jugées irrécupérable et ont été mises en liquidation (cfr le point précédent).

Il faut relever que cette décision de la BCC a été prise en vue de consolider les acquis de l'assainissement du secteur bancaire enclenché il y a plusieurs années déjà. Parmi les réalisations phares, l'on peut citer l'accroissement du nombre de banques commerciales ; la présence des groupes bancaires ou financiers de renommée internationale dans les banques récemment créées; l'accroissement du nombre de guichets bancaires et des comptes ouverts au public; la mise à disposition du public de nouveaux produits notamment la monétique ; le renforcement du niveau de capitalisation des banques par le relèvement du ticket d'entrée au secteur passé à USD 10 millions minimum; l'observation par la plupart de banques commerciales des règles/normes de gestion prudentielle ;...

De manière générale, la restructuration bancaire entreprise en 1998 par la BCC a permis d'éviter le pire d'une sous bancarisation de l'économie en consolidant certaines banques jugées viables et d'arrêter la dégradation du système bancaire. En dépit d'effort d'assainissement et de réhabilitation menés par les autorités, le système bancaire congolais demeure encore un tout petit peu malade. La réussite du processus de restructuration devant aboutir à la mise en place d'un système bancaire crédible, stable et capable d'assurer le financement sain de l'économie.

Section II. : PERFORMANCE DU SYSTEME FINANCIER CONGOLAIS

Dans cette section, nous parlons de la performance du système financier dans son ensemble, en faisant ressortir l'évolution du cadre macroéconomique et la stabilité financière sur le secteur bancaire et non bancaire, et aussi la dynamique de l'activité bancaire.

1. Évolution du cadre macroéconomique

La croissance de l'économie est vigoureuse et l'inflation est désormais inférieure à 10 %. On estime que la croissance du PIB était de 8,5 % en 2013 et qu'elle sera supérieure à 8 % sur la période 2014– 16. Les activités du secteur minier sont le moteur de la croissance et l'investissement public, l'agriculture et le secteur manufacturier contribuent aussi à élargir la base économique. L'inflation a baissé de façon significative grâce à la discipline budgétaire et à la stabilité du taux de change, mais l'économie est fortement exposée aux fluctuations des prix mondiaux des matières premières. Les interventions monétaires ont été limitées, notamment à cause des craintes liées au coût pour le bilan déjà fragile de la banque centrale (BCC). Les réserves internationales ont augmenté ces dernières années mais restent insuffisantes (inférieures à deux mois d'importations)[51].

La croissance de l'activité économique en République Démocratique du Congo, amorcée en 2002, s'est poursuivie en 2013, en dépit du contexte d'austérité et de reprise hésitante de l'économie mondiale. Le produit intérieur brut (PIB) de la RDC a enregistré en 2013 une croissance de 8,5 % venant de 7,2 % en 2012, un niveau jamais réalisé depuis quarante ans. Cette vigueur de l'activité économique est imputable essentiellement à la bonne performance des secteurs primaire et tertiaire.

Parallèlement au raffermissement du climat de l'économie nationale, 79.061 emplois ont été créés en 2013 et le nombre de chômeurs a baissé de 56.647 unités. Le PIB par habitant, quant à lui, a été de 499,8 USD en valeur nominale en 2013 contre 468,0 en 2012. Cependant, en dépit de ce tableau, la RDC devra poursuivre les réformes structurelles déjà entamées pour espérer renouer avec une croissance soutenue et durable, conduisant à une amélioration significative de l'emploi et à la réduction de la pauvreté.

Sur le marché des biens et services, l'inflation s'est de nouveau repliée en 2013, renseignant une performance jamais réalisée depuis 1989. En effet, le taux d'inflation s'est situé à 1,07 % en 2013 contre 2,72 % en 2012, face à un niveau programmé de 4,0 %. Rapproché à la moyenne

[51] FMI, *RDC : Evaluation de la stabilité du système financier,* 2014, p. 7.

de l'Afrique Subsaharienne, ce taux est resté largement faible.

Malgré ces évolutions, la RDC demeure à la dernière place sur 186 pays, avec 0,304 point, suivant le classement publié par le programme des Nations Unies pour le Développement (PNUD)[52].

En observant la figure ci-dessous, nous constatons une reprise effective de la croissance économique depuis 2002, et cette croissance résiste jusqu'à présent.

Graphique III.1 : Évolution du taux de l'inflation et de la croissance économique en RDC de 2002 à 2013

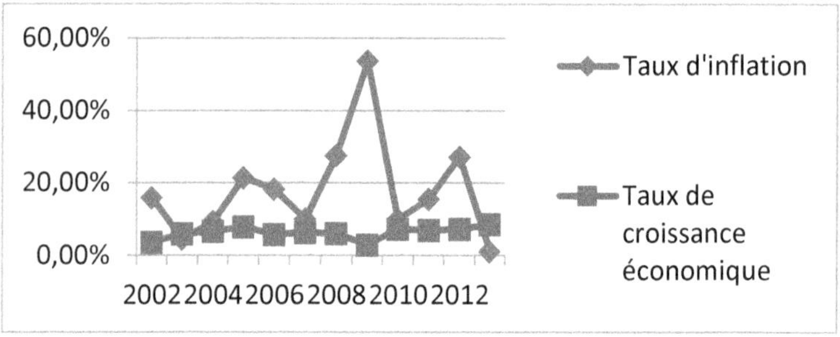

Source : BCC

Lorsque nous analysons ce graphique, nous constatons qu'après avoir traversé une longue période d'hyperinflation avec un taux moyen situé à 1831,6% entre 1990 et 2001, et une forte récession économique ayant un taux de croissance moyen négatif situé à -5% ; on assiste depuis 2002 à une décélération de l'inflation ainsi qu'à la

[52] BCC, *Rapport annuel 2013*, p. 5

relance économique[53]. Le taux d'inflation moyen est de 17,8% entre 2002 et 2013 et celui de la croissance économique à 6,18%.

2. La stabilité financière

Le système financier congolais est peu profond et sous-développé. Le secteur financier congolais comprend 18 banques agréées, une société nationale d'assurance (SONAS) et l'Institut national de sécurité sociale (INSS), 5 institutions spécialisées, 143 IMF et coopératives, 59 institutions de transfert de fonds, 3 institutions de monnaie électronique et 16 bureaux de change. Il n'existe ni marché d'actions, ni marché de titres de créance.

A. Secteur bancaire

Les banques représentent l'essentiel du secteur financier (tableau III.1 et graphique III.2). Les avoirs globaux des banques, estimés à 3,6 milliards USD (soit environ 13 % du PIB à la fin 2012), représentent environ 95 % des avoirs globaux du système financier. Les dépôts bancaires représentent la majorité des dépôts globaux (95 % des dépôts du secteur financier), le solde étant détenu par les IMF. Parmi les plus grandes banques, quatre sont locales et une autre est contrôlée par des holdings étrangères (liées à des intérêts congolais). Le secteur est concentré : à la fin 2012, les cinq plus grandes banques détenaient près de 65 % des dépôts bancaires et plus de 60 % du total des avoirs bancaires.

---

[53] Ambassade de France, Mission économique, *secteur bancaire en RDC*, Kinshasa 2008, p. 6.

Les banques sont fortement dollarisées et leur financement dépend beaucoup des dépôts à vue. Le financement des banques est dominé par la collecte des dépôts, dont près de 90 % sont libellés en USD et déposés sur des comptes à vue. Environ 94 % des prêts sont en USD, de même que 45 % des découverts (inférieurs à un an). Les clients sont principalement des sociétés qui déposent leur fonds de roulement, les prêts visant principalement les opérations quotidiennes et les activités d'import/export. Les taux de rémunération des dépôts et d'emprunt sont déterminés par les évolutions des marchés mondiaux en dollars EU, par le risque-pays de la RDC et par les majorations au titre des frais d'exploitation. L'État et les collectivités locales détiennent des soldes significatifs dans certaines banques (dépôts en dollars affectés aux investissements) et empruntent également des fonds à quelques banques pour financer les dépenses administratives[54].

[54] FMI, Op. Cit. p. 10.

Tableau III.1 : Structure du système bancaire congolais

	Nombre d'institutions	Agences	Avoirs		Dépôts	
			En millions de dollars EU	En pourcentage	En millions de dollars EU	En pourcentage
Banques commerciales [1/]	18	278	3624.6	94.7	2610.9	94.8
Par taille:						
Plus grandes banques	5	...	2318.3	60.5	1785.3	64.8
Banques moyennes	6	...	1004.3	26.2	700.9	25.4
Petites banques [2/]	7	...	302.0	7.9	124.7	4.5
Par actionnariat						
Banques détenues localement	5	...	2072.4	54.1	1575.0	57.2
Banques détenues par des étrangers	13	...	1552.2	40.5	1035.9	37.6
Institutions financières non bancaires	228	421	204.5	5.3	144.0	5.2
Sociétés d'assurance	2	...	13.6	0.4	...	...
Fonds de sécurité sociale/ de retraite d'Etat [2/]	1	...	...	...	...	...
Société d'assurances [3/]	1	...	13.6	0.4	...	...
Microfinance [4/]	143	208	190.9	0.5	144	5.2
Coopératives (COOPEC)	120	172	141	3.7	122.3	4.4
Institutions de microfinance	23	36	49.9	1.3	21.7	0.8
Collectrices de dépôts	5	...	16.5	0.4	6.8	0.2
Non collectrices de dépôts [5/]	19	...	33.4	0.9	14.9	0.5
Fond d'épargne	1	82	...	...	...	...
Institutions financières spécialisées	2	27	...	...	...	...
Sociétés financières	2	2	...	...	...	...
Institutions de transfert de fonds	59	83	...	...	...	...
Institutions de monnaie électronique	3	3	...	...	...	...
Bureaux de change	16	16	...	...	...	...
Total	**246**	**699**	**3829.1**	**100.0**	**2754.9**	**100.0**

Source : BCC

1/ En décembre 2013. D'après les états financiers audités

2/ Avoirs inférieurs à 10 millions de dollars.

2/ Le fonds de pension fonctionne plus comme un fonds de sécurité sociale. Il est financé par les cotisations prélevées sur les salaires des travailleurs actuels.

3/ En 2007. On ne dispose pas de données plus récentes. Un monopole sur l'assurance a été établi en 1966.

4/ A la fin 2013

5/ Ces institutions ne peuvent accepter que des dépôts obligatoires de leurs emprunteurs.

Graphique III.2 : Bilan du système bancaire

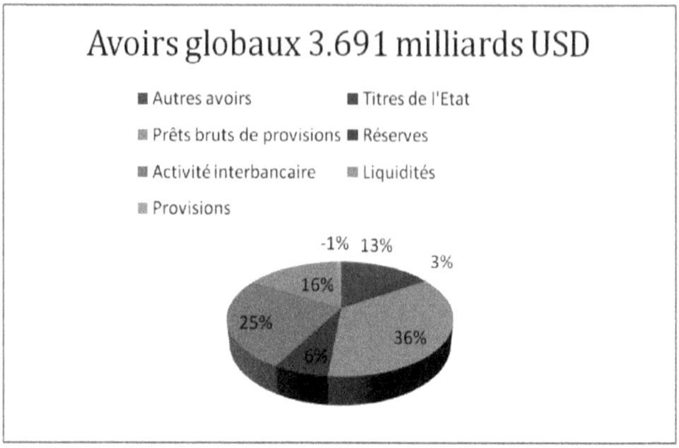

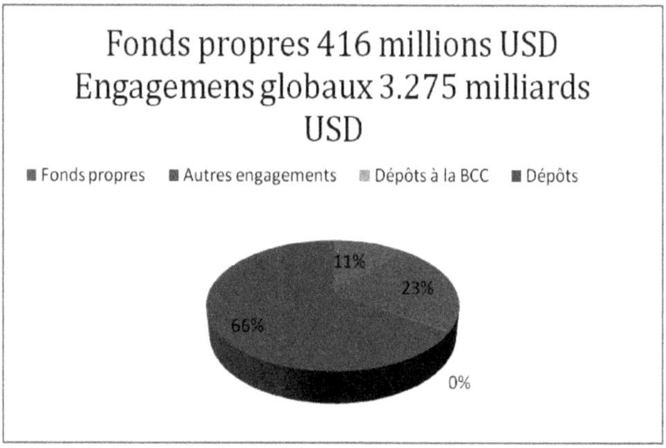

Sources : BCC, Autorités congolaises et calculs des services du FMI

Les transactions de correspondance avec les banques associées à l'étranger représentent une part significative des activités des banques. Ces comptes de correspondant représentent plus de 25 % des avoirs des banques et plus de 98 % de l'activité du marché interbancaire. Ils permettent aux banques d'effectuer le règlement des transactions libellées en dollars EU, traduisant ainsi les efforts pour se couvrir contre les risques politiques locaux et les risques de règlement. Ces positions en dollars sur les comptes de correspondant sont particulièrement coûteuses pour les déposants (rémunération nulle et coûts de transaction élevés).

Le crédit a progressé rapidement mais il reste rare, à court terme et fortement concentré. Entre 2006 et 2013, le crédit domestique a plus que triplé mais il n'a atteint que 11 % du PIB. En 2011, seuls 2 % des adultes avaient obtenu un prêt bancaire (la moyenne en Afrique subsaharienne étant de 5 %; étude Findex 2011 de la Banque mondiale) et seulement 4 % des adultes détenaient un compte dans une institution financière formelle (la moyenne de l'Afrique subsaharienne étant à 24 %; étude Findex 2011 de la Banque mondiale). Le crédit à court terme (découverts et prêts dont l'échéance est inférieure à deux ans) représentait environ 68 % de l'ensemble des prêts à la fin 2012 tandis que le crédit à moyen terme comptait pour environ 21 %, soit une augmentation par rapport aux 16 % de 2008. Les cinq plus grands emprunteurs de chaque banque représentent près de 30 % du crédit octroyé fin 2012[55].

B. Secteur non bancaire

a. Les Institutions de Micro Finance

Le secteur de la micro finance a progressé rapidement depuis 2011 mais il reste sous-développé. À fin septembre 2013, le bilan du secteur de la micro finance était proche de 222 millions USD pour plus d'un million de comptes ouverts, répartis à 60 % dans les coopératives

[55] FMI, Op. Cit. P. 12.

d'épargne et de crédit et à 40 % pour les IMF. La plupart des opérations primaires des coopératives d'épargne et de crédit (COOPEC) et des IMF se concentre dans la partie orientale du pays. Elles suivent la réglementation de la BCC, les agréments étant accordés par la BCC et les normes réglementaires et prudentielles étant également fixées par la banque centrale[56].

Le modèle économique du secteur de la micro finance se concentre grandement sur les services d'épargne et de crédit. Entre fin juin 2009 et juin 2013, les dépôts et les prêts ont plus que doublé (pour atteindre 144 millions USD pour les dépôts et 113 millions USD pour les prêts), une tendance semblable à celle des banques. Les dépôts et les prêts sont surtout libellés en USD et l'activité reste fortement concentrée : les deux institutions de micro finance spécialisées dans le crédit aux Micro, Petites et Moyennes Entreprises (MPME) représentent 51 % des dépôts et 42 % du crédit de tout le secteur de la micro finance.

Le secteur de la micro finance a beaucoup de potentiel pour soutenir l'inclusion financière, mais sa performance est insuffisante. La rentabilité du secteur est très faible et seulement deux institutions, qui représentent 3 % des actifs, sont opérationnellement autosuffisantes à la fin juin 2013. Les institutions dont les bénéfices ou les fonds propres sont négatifs représentent respectivement 18 % et 9 % des actifs du secteur. Les difficultés opérationnelles et financières qui touchent certaines

[56] BCC, Op. Cit, p. 34.

COOPEC sont liées à de graves lacunes en matière de gouvernance, de gestion financière et d'audit interne. En outre, à la fin mars 2013, 37 institutions, majoritairement inactives, ont été placées sous statut de liquidation involontaire (34 COOPEC et 3 IMF) et, à la fin août 2013, 63 agréments avaient été retirés. À la fin décembre 2013, huit des 23 IMF ont connu des difficultés pour porter leurs fonds propres au niveau des obligations minimales. L'analyse du secteur indique qu'une consolidation et un renforcement du contrôle sont nécessaires. En outre, le fonds national de la micro finance, une initiative de l'État visant à intégrer la population vulnérable dans le secteur financier et dotée d'un budget de 2,5 millions USD, n'a pas encore démarré son activité[57].

b. Autres institutions financière non bancaire[58]

- **La SONAS et INSS**

La seule société publique d'assurance-dommages, la SONAS, et l'Institut national de sécurité sociale (INSS) sont tous deux dans une situation financière précaire.

i. La SONAS

La SONAS exerce un monopole public sur l'assurance-dommages et possède un large réseau de 2.165 salariés. Elle n'est actuellement pas en mesure de respecter les obligations fixées par l'État en matière d'assurance (responsabilité civile automobile, transport maritime, fluvial et aérien et assurance incendie pour certains bâtiments). La société ne produit pas d'états financiers

---

[57] FMI, Op. Cit. p. 16.
[58] BCC, Op. Cit. p. 53.

fiables; un audit entrepris par un cabinet international en 2012 a identifié une insuffisance de fonds propres d'environ 211 millions USD, ainsi que de nombreuses lacunes opérationnelles. La loi devrait néanmoins ouvrir le marché de l'assurance aux sociétés étrangères. L'avenir de la SONAS et le coût budgétaire qui résulterait de sa liquidation ou de sa restructuration doivent être évalués.

ii. L'INSS

L'INSS offre une couverture très limitée (moins de 1,6 % de la population active), les frais de gestion absorbent la majorité des cotisations de sécurité sociale, qui sont parmi les plus élevées en Afrique (7 % du salaire pour la retraite). L'INSS fonctionne selon un modèle décentralisé basé sur 45 centres, dont les lacunes en matière d'organisation, d'informatisation et de capacités de contrôle sont importantes. Des estimations à la fin juin 2013 laissent entrevoir de grandes fragilités à moyen terme, le déficit de cotisations face aux engagements étant de 23,8 milliards de CDF en 2015 (environ 0,1 % du PIB de 2013) et de 229 milliards de CDF en 2060 (1,4 % du PIB de 2013). Le passif actuariel du système de sécurité sociale est estimé à 28,3 % du PIB de 2013. Pour renforcer le système actuel, il serait nécessaire d'agir rapidement pour rationaliser les coûts et augmenter les cotisations de façon significative.

- **La CADECO, SOFIDE, ET FPI**

L'efficacité de la CADECO, de la SOFIDE et du FPI est limitée et ces entités représentent des risques budgétaires significatifs, à cause principalement des lacunes en matière de gouvernance, soulignant le besoin urgent de les restructurer (ou de les liquider).

i. La CADECO

La CADECO est la Caisse Générale d'Epargne du Congo, une entreprise d'État qui fournit des services financiers dans les zones rurales. Elle gère le paiement de 146 milliards de CDF de salaires et de 47 milliards de CDF d'impôts pour les salariés des entreprises publiques (chiffres de 2012). La société est en cours de restructuration mais les risques subsistent et les progrès se font attendre. Les états financiers de la CADECO ne sont pas fiables, les dépôts restent inaccessibles et elle n'a pas accès à la chambre de compensation de la BCC depuis 1996.

ii. La SOFIDE

La SOFIDE est la société financière de développement dont l'État détient une grande part et dont le mandat est de promouvoir le financement à moyen et à long terme des petites et moyennes entreprises (PME). Dans le cadre de ses efforts pour améliorer le financement des PME en 2012, l'État a injecté 22 millions USD en capital et l'on prévoit 40 millions USD supplémentaires dans un avenir proche. À la fin septembre 2013, la SOFIDE avait financé environ 63 projets de PME pour un montant de 20 millions USD sous forme de prêts garantis de trois mois à trois ans et demi à 15 % d'intérêt. Les mécanismes de surveillance sont fragiles et la SOFIDE ne dispose pas des contrôles adéquats en matière de gestion du risque ; une analyse indépendante de sa situation financière s'impose. Une certaine forme de collaboration avec le système bancaire pour renforcer le financement des PME pourrait aussi en augmenter l'efficacité.

iii. Le FPI

Le FPI est le fonds créé en 1989 pour promouvoir et financer les projets industriels. Il tire ses ressources des taxes à l'importation (environ 72 millions USD par an pour une taxe sur les importations de 3 %). Il accorde des prêts à l'agro-industrie, surtout à des échéances de trois à cinq ans entre 8 et 10 % d'intérêt et avec une période de grâce de 12 mois. Le fonds n'est pas contrôlé par la BCC et ne dispose pas d'outils de gestion du risque ou d'audit. Une commission interne, créée en 2010 pour restructurer le portefeuille n'a pas encore été en mesure de terminer sa revue de la qualité des actifs; les premières estimations indiquent que plus de 40 % des encours de prêts à la fin 2012 (233 millions USD) sont en souffrance.

C. Dynamique de l'activité bancaire

En 2013, l'activité bancaire s'est accrue, telle qu'attesté notamment par l'amélioration du concours à l'économie de 2.093,5 milliards de CDF, venant de 1.661,6 milliards une année auparavant et d'un accroissement de 15,4 % de dépôts, s'établissant à 2.787,8 milliards. Cependant, quoique progressif, il a été constaté que le niveau des dépôts en monnaie nationale est demeuré faible. En conséquence, le taux de la dollarisation, mesuré par le ratio dépôt en devises sur total des dépôts, a baissé les trois dernières années bien que demeurant élevé, établi à 87,2 % en moyenne annuelle.

a. Évolution des comptes bancaires

Le nombre des comptes bancaires a connu une forte progression ces dernières années, en passant de 400.000

comptes à fin 2009 à 1.200.000 comptes à fin décembre 2013. Soit une variation de 200%.

Tableau III.2 : Comptes bancaires entre 2009 et 2013

Années	2009	2010	2011	2012	2013
Nombre des comptes	400 000	600 000	800 000	1 000 000	1 200 000
Variation		50%	33%	25%	20%

Source : BCC

Graphique III.3 : Evolutions des comptes bancaires

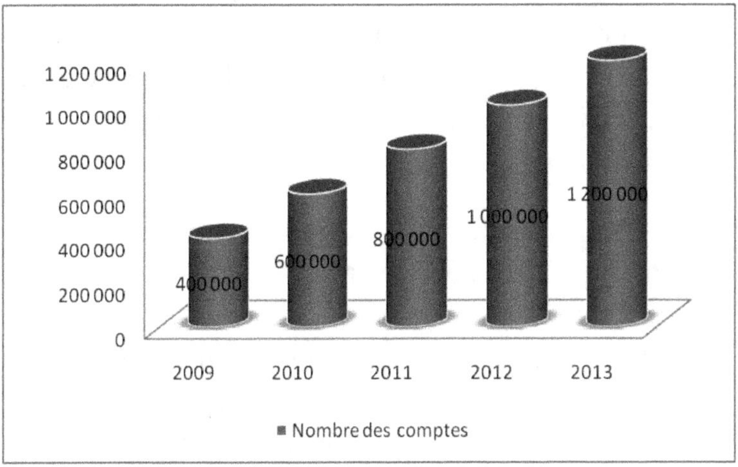

Source : BCC

b. Évolution de crédit à l'économie

Après avoir chuté de 8,7 % en 2009 à la suite des effets de la crise financière et économique internationale, l'encours des crédits accordés aux entreprises a augmenté de 49,0 % en 2010. La reprise des crédits observée au cours de la période sous revue est expliquée essentiellement par l'amélioration de la conjoncture internationale et nationale. Au plan international, il y a lieu de relever la reprise de l'activité dans les principaux pays partenaires commerciaux de la RDC dont l'incidence a été le dopage des exportations. Au plan national, la conjoncture a été marquée par les bonnes perspectives de l'activité économique, particulièrement dans la branche de la production minière, et la diminution sensible de la volatilité macroéconomique traduite par la baisse de l'inflation et la stabilité du taux de change.

L'encours des crédits accordés aux entreprises a augmenté de 49,4 % en 2011. L'accélération du rythme de progression de cet encours est attribuable au boom économique observé dans les secteurs des commerces de gros et détails, des productions industrielles et minières et des télécommunications.

Le concours à l'économie s'est élevé à 1.661,6 milliards de CDF en 2012 contre 1.217,9 milliards en 2011, soit une augmentation de 36,4 % contre 49,4 % une année plus tôt. Le ratio des crédits à l'économie rapportés au PIB s'est situé à 9,7 % contre 7,1 % en 2011. Bien qu'en décélération, le rythme de croissance du crédit à l'économie tient notamment de l'accroissement de l'activité économique observé en 2012.

Le volume de crédit à l'économie s'est établi à 2.093,5 milliards de CDF contre une réalisation de 1.661,6 milliards enregistré en 2012, soit une hausse de 26,0 % contre 36,4 % en 2012.

Rapporté au PIB, le crédit à l'économie indique une légère hausse de 0,7 point de pourcentage, s'établissant à 5,7 % en 2013. Cette évolution est attribuable à la baisse de la perception des risques par les banques suite à la consolidation de la stabilité macroéconomique.

Le graphique et le tableau suivant nous montrent comment les crédits bancaires ont évolués de 2009 à 2013 et aussi comment ils ont été octroyés dans les différents secteurs de l'économie.

Graphique III.4 : Variation de l'encours des crédits (en %)

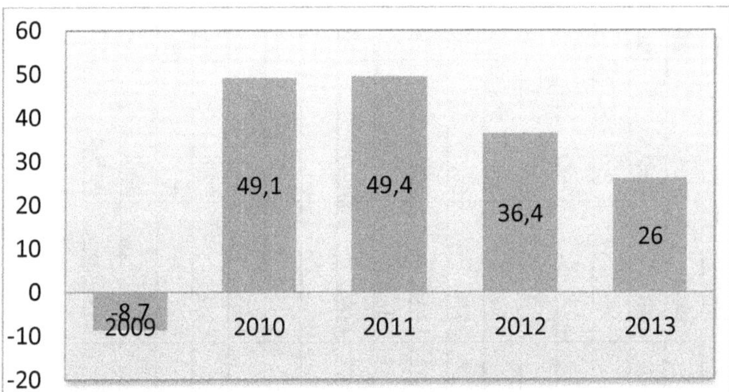

Source : BCC

Tableau III.3 : Évolution du crédit aux entreprises et aux particuliers (en milliards de CDF)

	2009	2010	2011	2012	2013
I. crédits à décaissement des banques:	**480,8**	**647,5**	**963,3**	**1340,9**	**1665,7**
A. crédit à court terme:					
1. Agriculture:	69,2	43	19	34,3	25,8
2. Industrie :	36,3	31,1	78	95	172,9
3. Distribution :	53,4	56,5	124,2	322,2	387,5
4. Transport :	37,4	66,3	96,3	128	82,2
5. Autres :	171,1	240	363,5	351,4	394
B. crédit à moyen terme:					
1. Investissement productif	17,9	85,5	107	131,2	297,2
2. Prêts spéciaux	0	0	0	0	0
3. Autres	95,5	125,1	175,3	278,8	306,1
II. Crédit d'engagement	**65,9**	**167,8**	**254,5**	**320,7**	
1. crédocs à l'import	23,1	72,6	66,1	124,9	155,7
2. crédocs à l'export	0	0	0	14,8	4,7
3. Autres	42,8	95,2	188,4	181	267,3
III. Total des crédits des BCM	**546,7**	**815,4**	**1217,9**	**1661,6**	**2093,5**

Source : BCC

Selon les données du tableau ci-haut, l'ensemble des crédits alloués aux entreprises et aux particuliers par le système bancaire s'est accru de 283% entre 2009 et 2013. Cette progression s'explique essentiellement par la reprise de l'activité économique consécutive à l'amélioration du cadre macroéconomique et les effets de la restructuration du système bancaire.

c. Évolution globale des dépôts

En 2012, les banques ont été globalement très dynamiques en matière de mobilisation des dépôts. En effet, elles ont mobilisé 2.471,5 milliards de CDF, soit 36,9 % de plus que le niveau de 2011.

En dépit de la décélération observée en 2013, l'encours global des dépôts a poursuivi une trajectoire croissante. En effet, le volume global des dépôts bancaires a atteint 2 787,8 milliards de CDF, enregistrant une augmentation de 12,7 % contre 37,0 % en 2012.

Tableau III.4 : Encours des dépôts par catégorie des déposants (en milliards de CDF)

Déposants	**2009**	**2010**	**2011**	**2012**	**2013**
1. particuliers	461,2	466,9	721,9	1019,8	1074,5
2. Entreprises privées	573,2	580,3	891,8	912	1396,4
3. Entreprises publiques	66,7	63,3	100,1	294,5	172,1
4. Organismes financiers non monétaires	31,6	40,2	55,1	-	81,6
5. Pouvoirs publics subordonnés	21,4	17,3	29,8	22,4	53,6
6. Organismes publics à caractère administratif	3,9	4	6,1	222,8	9,3
Total	**1158**	**1172**	**1804,8**	**2471,5**	**2787,7**

Source : BCC

L'évolution globale des dépôts bancaires, est passée de 1.158 à 2.787,7 milliards de CDF entre 2009 et 2013, soit une augmentation de 140,7%. Ceci explique la performance du système bancaire à collecter les dépôts ; et la confiance du public vis-à-vis des banques revient au fur et à mesure.

CONCLUSION

Nous voici au terme de notre travail qui a porté sur la politique mise en œuvre par la Banque Centrale du Congo pour la restructuration du système bancaire congolais.

Nous sommes partis de l'hypothèse suivante : un système bancaire efficace permet de mobiliser les ressources et d'accorder les crédits en vue de relancer l'activité bancaire et d'accroître la production. Il ne peut pas connaître le problème de liquidité, il doit être crédible et bénéficier d'une grande confiance de sa clientèle.

Ayant été fragile à l'époque, en raison de la crise la crise économique ainsi que d'autres facteurs, le système financier congolais n'inspirait pas confiance et était caractérisé par une désintermédiation eu égard à la méfiance du public.

D'où il a fallu assainir, restructurer un certain nombre de banques et liquider d'autres pour rétablir les conditions efficientes en vue du bon fonctionnement de ce système.

Ce processus qui vise, non seulement de résoudre les difficultés présentes du système, mais aussi de prévenir les risques de sa fragilisation ultérieure, a conduit à l'amélioration de la situation des intermédiaires financiers en activité, particulièrement pour ce qui est de la solvabilité, liquidité et rentabilité, seul moyen de constituer un système bancaire sain et solide.

Le constat à l'issue de toutes ces réformes entreprises indique que le système financier congolais est en reprise quoique des efforts pour une solide et intense intermédiation soient encore nécessaires, notamment par l'offre diversifiée des services financiers, y compris ceux de proximité (micro finance).

Notons aussi que le système bancaire congolais ne disposait que 26 agences avec 8 banques commerciales en activité et moins de 30 000 comptes en 1999. Et il opérant des transactions inférieures à 200 millions USD.

En décembre 2013, le système bancaire compte 18 banques commerciales, plus de 278 agences et 1 200 000 comptes bancaires, soit une augmentation de : 125% des banques commerciales, 969% d'agences et 3900% des comptes bancaires. Et les avoirs globaux des banques, estimés à 3,6 milliards USD, avec un volume de transaction de plus d'un milliard USD. Le volume global de crédit à l'économie se lève à 2.093,5 milliards de CDF, et les dépôts bancaires à 2.787,7 milliards de CDF.

La situation chaotique qu'a traversée le système bancaire congolais semble se redresser de plus en plus avec une montée non négligeable en termes de dépôts et crédits durant ces dernières années.

Partant de tout ce qui précède, notre hypothèse a été confirmée. Mais toutefois, en dépit des efforts d'assainissement et de réhabilitation menés par la Banque Centrale du Congo, le système bancaire congolais n'a pas encore atteint une efficacité élevée car, environ 1,7% de la population seulement bénéficient des services bancaires, et une grande partie ne bénéficiant pas des services bancaires. Cela constitue une part de marché potentiel non négligeable à exploiter. Ainsi, le secteur bancaire qui est l'un des secteurs moteurs d'une économie, est déterminé pour la bonne marche de l'économie nationale.

BILIOGRAPHIE

I. OUVRAGES

1. BOOHOURS F. et JARNE F., *Monnaie et financement de l'économie*, Paris, éd. : Hachette 2000 ;
2. LEVIERE V. Rasmy, *Macroéconomie : la monnaie*, éd. 2000 ;
3. MABI MULUMBA, *La monnaie dans l'économie*, Kinshasa éd. Cedi 2001 ;
4. MABI MULUMBA, *Les dérives d'une gestion prédatrices, le cas du Zaïre devenu la République Démocratique du Congo*, Kinshasa, Cedi 2002 ;
5. MIKDASHI Z., *Les banques à l'ère de la mondialisation,* Paris, éd., Economie, 1998 ;
6. MISHKIN Fréderic, *Monnaie, banque et marchés financiers,* France, Pearson Education, 8ème édition ;
7. SAMUELSON P., *Macroéconomie*, Paris les éd. d'Organisations, 14ème éd., 1995 ;
8. SCIALON L., *Economie bancaire,* coll. Repère, Paris, Edition la Découverte et Syros, 2004 ;
9. TSHIANI K. Noel, *La bataille pour une monnaie crédible*, Bruxelles De Broeck, 2013 ;
10. Zvi BODIE et MERTON Robert, *Finance,* France, 3ème édition Pearson Education, 2011.

II. DOCUMENTS OFFICELS

1. Ambassade de France en République Démocratique du Congo, Mission économique, *Secteur bancaire en RDC*, Kinshasa 2008 ;

2. Banque Centrale du Congo, *Etat d'avancement du processus de restructuration bancaire,* Kinshasa 2003 ;
3. Banque Centrale du Congo, *Rapport annuel,* 1998-2013 ;
4. Banque Centrale du Congo, *Rapport sur la supervision des intermédiaires financiers*, 2010
5. Banque Centrale du Congo, *Plan stratégique du Développement de la République Démocratique du Congo et du système financier*, Kinshasa 2004 ;
6. Fonds Monétaire International, *République Démocratique du Congo : Evaluation de la stabilité du système financier,* 2014.

III. ARTICLES ET REVUES

1. DEVELTERE P., DEBRUYN T., LABIE M. et PERILLRUX A., *Réflexions pour une participation de la coopération belge à une politique d'appui à la micro finance en République Démocratique du Congo*, Centre de recherche Warocqué et GRAP-OSC, 2007 ;
2. KABUYA KALALA F. et TSHIUNZA MBIYE, *L'économie congolaise en 2000 et 2001* : contraction ; fractionnement et enlisement, in *l'Afrique des Grands lacs, Annuaire* 2000-2001, Paris, L'Harmattan, 2001 ;
3. SINGO S., *les banques commerciales zaïroises dans la tourmente*, in note de conjoncture, n°5, mai 1993.

IV. NOTES DE COURS

1. KABUYA KALALA François, *Economie bancaire*, notes de cours 1ère Licence Economie

Monétaire, Faculté d'Administration des Affaires et Sciences Economiques, Université Protestante au Congo, 2009-2010 ;

2. MPEREBOYE MPERE Seblon, *Economie monétaire générale*, 3ème Graduat, Faculté d'Administration des Affaires et Sciences Economiques, Université Protestante au Congo, 2012-2013.

V. MEMOIRES

1. DISASHI MBUAYA, *les banques congolaises face à la crise,* mémoire de licence, UWB, 2002-2003 ;
2. MASIMANGO KALALA Jean de la croix, *Effet de la reprise des activités bancaires sur la croissance économiques en RDC*, mémoire de licence, Université de Kinshasa, 2007-2008.

VI. WEBOGRAPHIE

1. www.amazon.com/système.bancaire.congolais.maximisation ;
2. http://fr.ask.com/système_bancaire/attac.international ;
3. www.memoireonline.com ;
4. www.souslemanguier.com/asp ;
5. www.congoforum.com/les_activités_bancaires_en_rdc ;
6. www.souslemanguier.com/asp/les_banques ;
7. www.core.ucl.be/tulkens/fichier_pdf/banque_définition ;
8. www.souslemanguier.com/asp/système_bancaire ;

9. www.google.com/l_offre_de_monnaie_2èmepartie_analyse_monétair ;
10. www.core.ucl.be/tulkens/Fichiers_pdf/CHAP17.pdf/l_offre_de_monnaie_et_le_système_bancaire ;
11. www.imf.org/rdc_evaluation_de_la_stabilité_du_système_financier ;
12. www.google.cd/emungu/etat_du_système_financier_en_rdc ;
13. www.core.ucl.be/tulkens/fichier_pdf/banque_et_entreprise.

Structures éditoriales du groupe L'Harmattan

L'Harmattan Italie
Via degli Artisti, 15
10124 Torino
harmattan.italia@gmail.com

L'Harmattan Hongrie
Kossuth l. u. 14-16.
1053 Budapest
harmattan@harmattan.hu

L'Harmattan Sénégal
10 VDN en face Mermoz
BP 45034 Dakar-Fann
senharmattan@gmail.com

L'Harmattan Cameroun
TSINGA/FECAFOOT
BP 11486 Yaoundé
inkoukam@gmail.com

L'Harmattan Burkina Faso
Achille Somé – tengnule@hotmail.fr

L'Harmattan Guinée
Almamya, rue KA 028 OKB Agency
BP 3470 Conakry
harmattanguinee@yahoo.fr

L'Harmattan RDC
185, avenue Nyangwe
Commune de Lingwala – Kinshasa
matangilamusadila@yahoo.fr

L'Harmattan Congo
67, boulevard Denis-Sassou-N'Guesso
BP 2874 Brazzaville
harmattan.congo@yahoo.fr

L'Harmattan Mali
ACI 2000 - Immeuble Mgr Jean Marie Cisse
Bureau 10
BP 145 Bamako-Mali
mali@harmattan.fr

L'Harmattan Togo
Djidjole – Lomé
Maison Amela
face EPP BATOME
ddamela@aol.com

L'Harmattan Côte d'Ivoire
Résidence Karl – Cité des Arts
Abidjan-Cocody
03 BP 1588 Abidjan
espace_harmattan.ci@hotmail.fr

Nos librairies en France

Librairie internationale
16, rue des Écoles
75005 Paris
librairie.internationale@harmattan.fr
01 40 46 79 11
www.librairieharmattan.com

Librairie des savoirs
21, rue des Écoles
75005 Paris
librairie.sh@harmattan.fr
01 46 34 13 71
www.librairieharmattansh.com

Librairie Le Lucernaire
53, rue Notre-Dame-des-Champs
75006 Paris
librairie@lucernaire.fr
01 42 22 67 13

www.ingramcontent.com/pod-product-compliance
Lightning Source LLC
LaVergne TN
LVHW051108051026
849532LV00004BB/1470
* 9 7 8 2 3 4 3 2 1 2 3 2 6 *